不委屈，才能愛得更完整

新一代療癒系愛情作家 陳 欣兒。

True to your lov

你何必愛得那麼累？

如果你天真地認為：「愛一個人何須理由？」那麼好好地疼惜自己更是天經地義……

【推薦序】

愛的煉金術

對於「愛情」，大家都充滿期待與幻想，從年輕到年老，我們的一生，其實都在「愛情」的實習過程中生老病死。

有人在追求中，幸運的修成正果，有人尋尋覓覓，卻依然無緣收穫；多數人則在幾番進出愛情的殿堂後，或感覺深受重傷，或興嘆白費心機。

愛情畢竟是雙人舞，是和弦，是分享與共處的世界，它是人際領域裡的最初，也是終結，最難的正是兩人如何面對自我，看到缺陷，並修補不足，使彼此達到「琴瑟合鳴」的境界。但是，愛情究竟是歡喜樂園，還是苦酒滿杯？為什麼我們總是感到難以圓滿，而總是以為下一個男人或女人會更好？

本書作者是一個老靈魂，對於「愛情」的通透，她就像老練的醫師，從生活的各個面向，解剖出問題核心，把造成愛情痛苦的癥結攤開，將普遍人遭遇的現象一一描述，告訴我們陷入這些困境該怎麼辦？作者的智慧之言，有如「點金棒」，將混沌化為清境，讓大家很快理解原來「愛情」的圓滿，不在功過，而在心意。

名作家　心岱

【推薦序】

用愛照亮生命的黑暗之光。

香港的兩性作家張小嫻曾說：「愛情讓我們愛上自己、懷疑自己、恨自己、憐憫自己，也了解自己。它讓我們深入去探究自身最遙遠也最親近的內陸。」戀愛的歷程，不只幫我們了解自身的限制，也看見更多的可能，最重要的，它讓我們從每一齣愛情的戲碼中，照見自己的靈魂。

我想，每段愛情的相遇，不僅僅是緣分而已。當你深深地愛上一個人，你可以試著問自己：「他的什麼特質，對我最有決定性的吸引力？」

有時候，透過這樣簡單的問題，就足以解釋你們相愛的過去、現在與未來，最重要的是，你要如實回答，不能欺騙自己的心。

在人生中，面對愛情的命題，也是一樣——誠實地面對自己的心，才能了解愛的成因與可見的問題，當你明白地看見心中真正的需求，又何必委屈？

如果他真心愛你，就不會讓你傷心；如果他真的不愛你，不論你有多痛徹心扉，他依舊會繼續展現被你寵壞、縱容的個性，除非你願意從這場惡夢中清醒。

愛無遠弗屆的力量，足以讓我們看見生命中的光點，以及最深的黑暗，但前提是你必須擁有一雙清明的眼睛，就可以看透各種假愛之名的扭曲、不必在愛的地獄中繼續輪迴，找到專屬真愛的應許之地。

欣兒的這本書，就像那雙純徹之眼，她幫我們找出在愛情中最容易遇到的困境、盲點，設身處地告訴我們之所以在愛中陷落的癥結，與明確的超越之道。讓我們在閱讀時，與主角一同經歷不斷心靈掏盡又昇華的過程，讀完這本書之後，就像在你心中下載了最新的防毒軟體，因為透過「與自己對話」的一問一答中，你終於找回了真正的自己，就不會被愛的病毒侵蝕，而持續傷害自己的心。

本書的閱讀之感讓我恍如進入一種情境：像是聞到一支味道非常獨特的香氛蠟燭，只要稍微用手搧一搧，飄散的香氛馬上讓你感受到燭芯中的苞蕾完全綻放的氣味，因此在瞬間就愛上了這個味道。當自己疲憊時，她會替你趕走那些讓你窒息的烏煙瘴氣，只有她是為了撫平妳受傷的心而誕生，值得讓讀者永久收藏。

我很感謝自己有這個機會能夠為欣兒作序，不只是因為她的文如其人，擁有世間少有的純淨靈魂，更因為她創作了這本書，讓我在書中一同受惠修行，獲益良多。也期待你在書中遇見那個相似自己的愛的靈魂，從中找回愛的可能與力量，幫助自己在未來的人生旅途中，與真愛相遇。

人生課題諮商師　姚如雯

【作者序】

因為愛，生命得以完整。

為什麼要寫這樣一本書？是因為，大多數的女人都太良善、太可愛了。

女人願意為自己所愛的男人付出的一切，不但可以原諒往日的一切犯錯與隔閡，而且還會愈愛愈深。然而，愛情常常被扭曲成這種邏輯：愛得愈痛苦，就愈銘心刻骨。照理來說，因為親近，情人應該是最了解我們的人，但在戀愛的過程中卻往往不是如此。

我想這是因為我們不夠了解自己內心真正的需求。如果我們連自己都不懂如何愛自己？情人又如何確知該用什麼方式與我們相愛呢？

在愛的旅途中，其實有許多問題值得我們好好思索：

愛，為什麼愈痛苦，反而淪陷得愈深？

愛，為什麼讓我們陷入自己的執著中，不可自拔？

為什麼我們會千方百計地想去征服對方，難道，不就是因為我們先被自己的欲望所征服了嗎？

這就是我之所以寫下這本書的原因：因為我們都遺忘了愛的原義。

當我們在愛情當中感到委屈，其實是顯示著情感關係中出現了某些問題，如果可以正視以對，不論花了多久解決的時間，最終我們會發現：解決了情感上的問題，其實也等於也解決了心中存在已久的生命問題。

愛是互相照見，是兩個圓滿的個體相遇，本不該委屈。但我們忘了自己，卻責怪對方：為什麼他這樣對我？

愛，從什麼時候開始迷失自我？

一切都是因著愛。

因愛而生，也因愛而滅。

當我們流轉人間，走過愛的千山萬水，最終仍會回到愛的命題，而感悟到：

因著愛，我們得羞愧，也得寬恕；

因著愛，我們得忌妒，也得包容；

因著愛，我們得罪惡，也得潔淨；

因著愛，我們得傷痛，也得醫治；

最後憂傷破碎的心靈，也會「因著愛，得釋放。」

愛不是註定要背負痛苦，往往轉身就有喜悅，放手就能圓滿。愛的信實與全真，誠然擔當了我們每一個人美好生命的守護天使。因著愛，我們得完全，只要相信並且渴慕真愛，我們定能得到加倍祝福的愛。

此書之成最該感謝的是華文網出版集團總編輯歐綾纖、主編劉汝雯，謝謝她們為此書長期付出的時間和關懷，以及對我的書寫不斷地提點與建議；感謝美編蔡億盈，讓本書呈現出感染人心的設計風貌。

感謝集團旗下啟思出版公司企劃、行銷團隊的全力支持，特別感謝，名作家心岱、人生課題諮商師姚如雯為本書作序推薦。

更要感謝我的姐妹淘：从旻、金衡、希如、多誠、宗宏、田恬、曉憶、孟朮……沒有妳們的支持，我寫不出這樣一本書，也謝謝一直期待我新作的讀者。

最後，我要說：

「愛一直都在，存於我們的內心深處——

不愁、不悲、不喜。

不捨、不離、不棄。

不增、不減、不滅。」

欣見

Chapter 1

為什麼我們不敢說出自己想要的？

對自己誠實，愛才能如實回饋

Chapter ❷

為什麼我們總是傷害自己最深愛的人？

讓愛發自內心，別把愛推出去

Chapter 3

為什麼我們寧願對別人好，也不敢多疼自己一點？

不需要為愛犧牲，你應該為自己而活

Chapter 4

為什麼愛情總是無法走到最後？

不堅持完美，才能延長愛的保存期限

True to your love

Chapter 1

為什麼我們不敢說出自己想要的？

對自己誠實，愛才能如實回饋

當我們去追尋自己想要的快樂，
內心就不再是一座孤島。
因為一個發自內心快樂的人，
才會吸引到對的人，用對的方式相知相惜，
在愛中共享閃閃發光的生命。

Communicate !

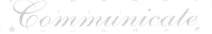

True to Your Love

愛在自我蔓延時。

不要活在別人的陰影裡，因爲你會永遠長不大。
橡樹不必縮在柏樹的陰影下，自然也可以找到自己的陽光，
充分接受絢麗的光彩和照耀。
你若是躲在陰影裡，終將枯萎而失去自己。

——利奧・巴士卡力（愛的心靈導師）

其實，不需要拚命打造自己外在的形象，只要「好好照顧自己」，從內心建立一個常保快樂的自己，「內在形象」自然會顯於外，各種喜惡的感受，也會因內在的轉變，而有了不同的視野。

當你覺得對方很多地方都不太順眼的時候，其實是該回頭檢視自己心態的時候。

我的朋友Irene常常為了滿足全家人的幸福而竭盡所能地勞心勞力。

某次聚會中，我看到面容憔悴的她，就關心地詢問她的近況，她說：「我常常忙得整整一個星期無法得到充分的休息，而我老公在我分身乏術的時候，每週仍然有時間跑去運動，他看起來愈來愈容光煥發，我卻愈來愈像個黃臉婆！」

細問之下，我才知道Irene在家裡面對著種種的壓力：一方面因為兒子的老師常打電話給她，請她多關心小孩，所以她擔心兒子在校的表現不佳；另一方面，她與公婆一起住，公婆因為年邁，身體微恙，所以經常抱怨這裡不舒服、那裡又難受……讓她覺得在家中的壓力很大。

除此之外，Irene平日白天要上班，下班回來又要忙家務，假日還要關心孩子的課業，她幾乎沒有自己的時間，更不可能去想自己想要做的事。但是，她的先生依舊維持每週規律運動的習慣，看到他常常一副輕鬆愜意的模樣，Irene漸漸心生埋怨。

其實她只是想做個好太太、好媽媽、好媳婦，但是這個家好像除了她願意付出，其他人都是一副「很享受」的樣子。

Irene向我傾訴：「這個家裡沒有一件事情讓我滿意的！」聽完她的敘述，我不禁眉頭深鎖，其實，Irene已經不自覺地成為家裡最大的壓力來源了。

雖然Irene認為：兒子一回家就往房間鑽；公婆又常常冷漠以對；先生總是找機會避開她。但Irene沒看到這個家庭的另一面：兒子怕母親用叨唸的方式把情緒發洩在他身上，所以總是躲進房間裡；公婆發現媳婦的態度總是不情不願，所以也回以不理不睬；老公因為她老是板著臉，一副生悶氣的樣子，所以盡量避免與之照會。

沒想到，Irene拼命想打造自己在家人心中的好形象，形象卻愈來愈差。

其實，不需要拼命打造自己外在的形象，只要「好好照顧自己」，從內心建立一個常保快樂的自己，「內在形象」自然會顯於外，各種喜惡的感受，也會因內在的轉變，而有了不同的視野。

况且，好好照顧自己是天經地義的事，每個人都應該多撥出一點時間留給自己。所以，Irene的先生當然有資格去享受最愛的運動，因為運動後所帶來的愉悅、放鬆與平靜，會讓他面對生活時，更加積極、努力。其實Irene也該擁有這些空間與時間，她只是忽略了自己的需求，因此才對先生的悠閒心生嫉妒，甚至有了「他怎麼能比我快樂？」的心態。

聽完她的「悲慘世界」家庭版後，我給Irene一些建議：希望她能多花一點時間在自己身上，其他的事就不用過度操心。

例如：兒孫自有兒孫福，孩子的課業問題只要稍加提醒就好，別給孩子非要怎樣不可的成績壓力，培養孩子積極學習的動機，比強迫他去應付填鴨考試，對孩子的未來更有助益；而公婆年紀大了，身體稍有病痛也是在所難免，如可醫治應當儘早處理，如果短時間難以痊癒，或是無法根治的慢性病，那麼傾聽老人家的抱怨，或許可以抒解他們身體上的不適，只要多些關心、多點耐心，何需太介意？

聽完我的建議之後，Irene沉思了一會兒，就打電話回家，告訴先生她心裡真正想做的事：「親愛的，我今晚不回家作飯了，要參加一個好友聚會，晚餐就麻煩你了。」

試想，有誰會阻攔她呢？

那天，她為自己放了一天假，和我們幾個友人開心地在餐館大快朵頤，把握難得的閒聊聚會。但是她還是惴惴不安，猛看時間。大夥散會後，她匆匆忙忙坐上計程車趕著回家。

當晚，我還在公車站，就接到她的來電：「欣兒，你知道嗎？我還沒踏進家門，竟然聽見客廳傳來歡樂的笑聲，原來，我不在的時候，家裡根本不會出亂子，我實在是太杞人憂天了……」聽見她如釋重負的領悟，我也打從心裡替她高興。

美好的愛情來自彼此內心共振而生的樂章。

雖然每個人的喜好不同、需求不同，卻都會用「感覺的好壞」影響自己擔任愛情指揮家的節奏。

當負面的情緒控制著愛情的節奏，很容易會不自覺地搶拍，緊接著，可能是變調或走音。又或者，有些人始終無法跟上節奏，讓兩人關係變得無趣、死氣沉沉。

不管是情人還是夫妻，都必須想辦法在不同的人生階段中，掌握愛情的節奏感，才能在生命中演奏出和諧的樂章。不論身處何種戀愛的階段，別總是望向對方，要記得隨時回頭看看自己的需求，為心中保留一塊寧靜的空間，自然可以聽見彼此的需求，才能完成彼此關於愛情的夢想，這也是讓愛走得更長遠的關鍵。

愛的歷練讓我們形成了一種僵化的思想：付出是義務，就是這樣的義務，讓愛變成了負擔。

分享完前述的故事，你應該已經了解「傾聽自我」在情感中的重要性，但你知道該如何「好好照顧自己」了嗎？看看你是不是也和我的朋友Lily一樣，不會表達自己的需求呢？

Lily有個奇怪的習慣，當她希望得到某種事物時，卻常用拐彎抹角的溝通方式來粉飾自己的欲望。

不久前，她對男友說：「欸，我媽的生日快到了，我們是不是該去百貨公司替我媽選件衣服作為生日禮物？」沒想到，男友卻悶不吭聲，讓她感到十分沮喪。

Lily對我坦誠以告，其實她在百貨公司看到一件漂亮的衣服，覺得很喜歡，正值週年慶之際，她很想趁打折時買下來。但是她不敢讓男友知道，所以才用媽媽的生日當擋箭牌。

聽完，我本來以為她是那種習慣讓男友付帳的嬌嬌女，後來發現完全不是這麼一回事。

原來，平常Lily習慣幫男友處理各種瑣事，連帶打掃房子、每餐煮好料，還常省吃儉用，把錢都大方地花在對男友「應盡的義務」上。所以遇上想花錢買衣服給自己的時刻，就好像是一種罪過般猶豫不已。

我聽到她有這種觀念時，忍不住嚷嚷起來：「天哪！你都還沒有嫁給他，就已經變成了他的歐巴桑！」

Lily的堅守婦道，大概是上上上一輩……老人家才有的觀念，問題是，那時是婦女尚未擁有獨立自主的賺錢能力、沒有身分地位，完全以夫家為重的時代呀！

聽我這樣說，Lily繼續捍衛她的愛情觀：她認為：愛他就是甘心為他「付出」，「付出」就是愛的「義務」。

我突然意識到，這可能是許多人腦海裡的刻板印象，每個人或許都有這種根深蒂固的「愛的陋習」，只是情節的輕重而已。

孰不知，當我們在履行「愛等於付出，付出等於義務」的觀念時，這種愛的模式就成為一種慣性，也造成了愛是沉重負擔的感受。

就像Lily一樣，不知不覺地在付出中失去了自我。

其實從Lily不敢說出自己的欲望，總是拿別人當成自己的擋箭牌（把自己的需求轉嫁到對方身上），而且這張護身符又失靈時（別人不願意承受她的轉嫁），就已決定她只能暗自受傷的命運了。

如果Lily坦然地向男友表達：「我想要買衣服」或是「我喜歡這件衣服」，大膽地說出自己的需求，會發生怎樣的結果呢？

雖然她沒試過，但我鼓勵她，不論結果如何，只要她敢說出來，才能做欲望的主人，而不是躲在別人身後的小媳婦。

因為勇敢說出來，就是避免請求對方批准的作法（也比較不會因此踢到鐵板）。勇敢地自我表達，更是尊重自己想法、照顧自己的心的正確方法。

當Lily不再認為需求必須得到對方的認可，自己也將從感情中矮化的身段，成為一個完整的個體，這會讓她更有自信，感情生活也會因為她對自己、對方的同等重視，而更加和諧、真實。

如果你真心想幫助情人、另一半，
就別再告訴他該做什麼事、以及應該怎麼做，
那不過是在滿足你自己的掌控欲而已。

在兩性關係中，很多人都有種戒不掉的壞習慣：控制欲。

我的朋友Amy就是這樣，她常常覺得家裡萬一沒有她，就會崩壞瓦解，問題是，就算她插手了所有的一切，還是沒有得到真正的滿足，反而更常氣急敗壞……。

根據某本雜誌的調查，有七成以上的已婚女性，總是擔心另一半無法完成日常家務、不懂得如何生涯規劃、不了解人情世故……她們深信另一半就像小孩子，十分無能，所以總是插手主導，好像如果不這樣做，就會威脅自己未來的幸福。

沒想到，Amy愈來愈嚴重的「控制欲」卻讓婚姻走上一條不歸路。

她離婚之後，常常來找我訴苦。言談中，她努力回想自己婚姻失敗的開端。起初，只是因為某次先生當時對出門的穿著拿不定主意，所以她才好心提出建議。後來竟逐漸演變為，每次出門前都是Amy幫先生準備幾套衣服以供選擇。時間一久，Amy也不想多準備了，最後就直接「指定」先生該穿哪件衣服。

「指定」穿著這種事剛開始好像也還OK，但是漸漸地，Amy從指定衣服，擴大到其他事情，比如：去哪度假、去哪吃飯、該送什麼禮……各種大大小小的事情，好像非經她同意不可。這類的「指定」其實就像命令句一樣，說話的口氣、態度自然不會太好聽，漸漸讓人難以接受。

因此，Amy的先生開始有了反抗之心，也愈來愈不願意順從她的「命令」。而先生的「不遵從」，讓失去控制大權的Amy心裡很難受，最後變成「很火大」。

因為不順己意，Amy忍不住對先生的作為大肆批評，不斷嘮叨，這樣的行為，等於不信任先生的能力，也逐步擊碎先生的自信。最後，兩人陷入互相貶抑、防衛的角力關係，終於一發不可收拾，走上離異分歧的道路。

為什麼夫妻、情人，會從原本的相互吸引，轉為相互厭惡呢？

其實，這很簡單破解，當你想要控制、掌握一切，就表示你的內心隱藏著深度的恐懼。你可以先問問自己：「我到底在害怕什麼呢？」

其實，你無需擔憂，只要了解這個道理：當愛存在彼此心中，就沒有任何力量能夠輕易地破壞這段連結。因為一段關係的初始，是來自於彼此愛的連結，但當這種感覺變質成假愛之名的其它欲望，就會減少愛的成份，也會讓兩個人的連結愈來愈稀薄。

所以，你是要用被恐懼感挾持的控制欲繼續摧毀愛情，還是選擇回歸相信愛永存的連結力量，讓兩人永遠像最初相遇的那一刻，充滿戀愛的滋味？

萬事互相效力，
當一種力量出現時，
會有另外一種力量與之抗衡。

憶及往事，Amy好像懺悔似的，滔滔不絕地跟我訴苦。

她說周圍的親人總是諄諄告誡她：「一定要將家裡財務管得死死的，把他的口袋壓榨光了，老公才不會向外尋歡！」

似乎在兩性關係中，誰能控制財務，誰就能得到感情的權力與優越感。

但是用實質的教條綑綁對方的心，只會曝露出關係中的不信任，讓原本的情感基

～與自己對話～

Q：為什麼我會心生「控制」的欲望？

A：問問自己，「你在害怕什麼？你的害怕是否屬實？最糟的情況會怎麼樣？」所有的「控制」與「習慣」，其實都源於自身對於「變化」的恐懼。只要在不失去自己的情況下，以平常心盡己所能，就能擊退一切毫無根據的恐懼。只有面對恐懼，放下控制、拋開習慣，我們才能與伴侶創造出親密的心靈空間與對話。

礎，流失得更快。

在控制愛情成癮的情況下，有某種與之抗衡的力量悄悄地出現了，那是一種逐漸「拉開彼此距離」的力量，兩股力量的對立情況也隨著時間越演越烈。

當Amy發現先生愈來愈想與她保持距離，她就愈來愈想操控。

當她束手無策的時候，就會暴跳如雷、不斷氾濫地湧出負向情緒，最後，先生為了逃出這段備受控制、壓榨的感情，不但外遇，還提出離婚，Amy原來看似「我是女王」的婚姻生活，因此不得不走上離異一途。

控制者的潛在意識，其實顯示了對感情的不安全感。也隱藏著「自我價值低落」的問題，因此侷限了人們「自我價值提升」的可能。

一旦Amy受到教條的吞噬，逐漸成為一個情感空洞、凡事以利益衡量的人，又如何能帶給別人足夠的愛呢？

或許許多人都像Amy一樣，會認為：「為什麼他不能和我期望的一樣呢？」

其實，愛情中最容易被一個先入為主的觀念拖累而受苦：那就是在我們所愛的人身上，不斷地要求對方為我們而活……。

愛，其實不用把期望放在對方身上，只需要多對自己付出一點點。

欣見小語

so i say a little prayer

如何擺脫「控制」的陰影？

◎ 愛的本質是給予而非獲得，愛一個人是要幫助他回到自己，使他更接近他自己。真正的愛情能夠鼓舞人，喚醒對方內心沉睡的力量，激發對方潛藏的才能。

◎ 愛情的繁花盛開，只有在完全無束縛、恣意奔放下才有可能展開。認為愛情是某種義務的思想，只會讓愛情置於死地。

◎ 我們常常用本末倒置的方式去處理感情，對陌生人客氣親切，對情人親友卻頤指氣使。別總等到失去後才有所領悟。

◎ 你可以控制一個人的行為，讓他對你百依百順，卻不代表你能掌控他的心。與其想盡方法操控情人，不如試著設身處地了解他的感受，與處事的緣由。你會發現，有時只是因為別人做事的習慣和我們預期、習慣的不同，其實事情往往沒那麼嚴重。

True to Your Love

放棄當情人的最佳代言人。

愛情是不受制約的，自由自在的愛情才是最眞切的，
一旦制度想施淫威，愛神就會振翅遠走高飛，
因爲愛神和其他諸神一樣，都是自由自在的。

——傑弗瑞・喬叟（英國文學之父）

問問自己，在兩性關係中，我們希望這段愛情流向何處？你是需要一個處處聽命於自己的隨從，還是需要一個願意相互分享的親密伴侶？

當愛情發生細微的改變，
不論速度快慢，
都會為未來的關係種下變異的因子。

Linda是我的大學同學，那天她哭哭啼啼地打電話給我訴苦，原來男友和她提出分手的要求。

因為大學時，我們三人都屬於同一個社團，彼此都很熟，所以我也等於見證了他們愛情的初始與歷程。聽見Linda的男友跟她提出分手，不要說是她了，連我都覺得難以置信。

聽完Linda的哭訴後，我提出忠心的建議：「我想你最好不要再幫男友買東西了……」

她十分不解：「為什麼？這不是一種愛的表達方式嗎？」

因為當下她的情感如此脆弱，我想她應該難以承受過於理性地建議，所以我斬釘截鐵地勸她，請她相信我，試著這麼做，先不要問為什麼。

其實，我要Linda停止為男友購物是有原因的。

在Linda的哭訴中，我發現這段關係變質的問題所在：有時她的購物動機不單純是為了心愛的人，反而是「看不慣男友的品味」心態居多。

例如：她嫌他選沙發的眼光差、送車子去保養的廠商爛。她覺得自己隨便找個朋友，都比男友找的商家更便宜、品質更好。她覺得男友要是先詢問她的想法，這樣不知可以省去多少麻煩事！

所以，她開始為男友打點一切，而且認為只要不花男友的錢，他就應該接受她的安排。但是這樣專擅的行為，卻讓男友愈來愈有壓力。我希望她停止為男友購物，只是讓她停止越權的第一步。

一個月之後，Linda約我共進下午茶，席間她對我當初的建言表達感謝，並感性地表示，她終於找回當初那個愛她的人。

「你知道有多麼神奇嗎？當我不再一直為他買東西時，我們之間就出現了某種神奇的改變。」Linda說。

「這段時間，他對我比從前更溫柔，也讓我們變得更親密。」

我問Linda：「你真的以為只是買東西的問題嗎？」Linda露出疑惑的表情。

很多時候，情人的關係瀕臨崩潰，其實只是因為情感的連結太過緊蹦。只要消除彼此緊繃的感受，情人就會回到那個彼此尊重欣賞的時刻，甚至會讓關係比從前加倍地好。

Linda請我喝完下午茶後，剛好男友開車過來接她，順道送了我一程。在車上，Linda不再像以前頤指氣使，我和她眨了眨眼，會心一笑。

要是換做以前的她，在男友開車時，很難不開口指揮。像是：「前面紅燈了！」、「右邊有車，你沒看到嗎？」、「嗯，你現在可以走右線了」……呼來喚去、沒完沒了。但是現在，她學會信任對方，並享受身為副駕駛的怡然自得。

我們在車上安靜地聽音樂，偶爾說說話，有一搭沒一搭的，漫無目地聊天，大家都感到很輕鬆。而且，少了Linda的嘮叨，她的男友「依舊如往常」般安全地把我送達目的地。換句話說，Linda以前都是白費口舌了。

其實愛並非恆常不變，而是在宇宙間自由流動的，所以如果愛的傳遞無法讓兩人更親密，就會更疏離。

愛的改變是如此細微，以至於我們常常感受不到，但不論改變的速度快或慢，都會為未來的感情種下改變的因子，讓兩人愈來愈緊密，或是漸行漸遠。

問問自己，在兩性關係中，我們希望愛情的流向走往何處？你是需要一個處處聽命於自己的人，還是需要一個願意相互分享的親密伴侶？

這段日子以來，Linda從痛苦疲憊的關係中學到教訓，她終於願意相信並且支持男友：即使沒有我，他也能把事情做好！並且放心地把自己交給對方照顧。

當Linda的內心出現這樣的變化，她的男友也感受到了，願意努力為她披荊斬棘，試圖成為她的王子。當彼此的心融為一體，更激發了兩人個性中最好的一面，相輔相成下，愛情湧現出前所未有的親密感。

想感受愛情的幸福，其實只要學會調整心態，只是我們都遺忘了自己具有這樣的能力。

我的朋友Kelly是個勇於創造自己生命價值的成功女性，更是會將滿腹熱忱馬上付諸行動的人。而她的先生也不遑多讓，同樣是個事業有成的企業家。

我們某次碰面時，她提及自己才和先生結婚不到二年，就開始感覺到彼此的疏離與陌生，在兩人的世界裡，她感到極度的孤寂。

Kelly告訴我：「一路走來，我們有共同的目標，也一起了承受很多人難以想像的考驗與打擊。」既然如此，我更不明白，他倆的婚姻怎麼會漸行漸遠。到底是什麼原因，讓表面看似幸福完滿的婚姻，隱藏著疏離的冷漠？

一天，我藉著採訪的機會，約這對夫妻喝咖啡，想聽他倆聊聊彼此對於婚姻的見解，以找出問題癥結。

原來，Kelly幼時曾經歷父母離異的過程，這個殘酷的現實讓她對婚姻一直沒有十足的信心與把握。不過，她的先生卻正好相反，是一個從小活在溫暖家庭、備受寵愛的小王子，也因為兩人生活背景的南轅北轍，讓她的先生無法體會Kelly從小對完整家庭的缺憾。

除了了解他們的婚姻觀，我還問他們兩人：「請問你們對於快樂的看法？」卻得到全然不同的答案。

Kelly說：「對我而言，快樂就是當你想要一件新衣服，先生會很樂意陪你到百貨公司選購。」

先生卻說：「我認為，快樂是當太太想要一件新衣服，絕對不會勉強先生陪她去百貨公司。」

從心理學的角度來看，Kelly對愛的缺憾，往往會用具體的行動去證明愛的存在，當對方傳達愛的行為無法與她心中的答案相呼應時，就會立刻陷入「他是不是不愛我？」的自悲情懷中，放大缺乏愛的恐懼，讓她看不見對方傳達愛的其他方式；Kelly的先生，則是用「愛應該站在對方的立場，優先體諒對方」的觀點出發，所以Kelly對幸福的需求，常讓他感到壓迫，只好閃避不已。

原來，對於愛的詮釋差異，是造成兩人疏離的主因。我想起過去他們夫妻倆常邀我一起晚餐，現在兩人卻連三餐都各自解決了，內心不禁感觸良多！

記得許久以前，我訪問過一對樂天知命的老夫妻，他們堅持種植不添加農藥的有機水果，夫妻倆同心協力。

當我問及彼此對快樂的定義，老農夫回答：「過得好不好，快不快樂，都是自己說了算！」

他的妻子則在旁抿著嘴笑說：「雖然他什麼都沒有，但是我們很快樂，活著就是要快樂啊！」對照我這兩位好友，他們擁有權力、名聲、金錢，卻一點也不快樂，多麼諷刺？

為什麼像Kelly這對可以共度困境的夫妻，卻不能共享安樂？

其實，幸福只是一種簡單的心態。當關係中有人排斥愛的感受，幸福當然會隨之遠離。

環顧Kelly身邊的環境，充滿著親切可人、友善樂觀的氛圍，所以問題並非出在外在，而是她的內心。她必須將大腦中那個不安因子——父母離婚的陰影摘除，才能感受到自己在婚姻中的愉悅與自在。

就像當你亟欲入睡之時，如果有蚊子打擾你的睡眠品質，你一定會想盡辦法驅逐牠。

恐懼、憂慮、憎恨就如同蚊子，會擾亂我們的安寧，吸走我們的快樂。

那天採訪結束，我送給Kelly夫婦一首詩人作家史帝文生（Robert Louis Stevenson）的詩，他寫道：「這個世界多采多姿，我深信，我們應該快樂如君王。」

是的，我們應該快樂如君王。儘管對許多人來說，通往幸福的路有時並非一帆風順，甚至阻礙處處。儘管如此，日出的光芒與星辰的光輝依舊每日照耀，從不停歇。光憑這一點，我們就該活得更快樂。

生命中有許多溫馨感人的片段，只是我們未曾仔細感受。Kelly夫婦擁有比別人優渥的經濟條件，他們應該要更珍惜彼此的愛與關懷。

因為唯有懂得珍惜的人，才能永遠持有幸福之鑰。

感情不需費疑猜，也不該妄自當對方的代言人。

在某次姊妹淘聚會時，好友Eva告訴我，她認為自己有讀心術的超能力，因為只要男友話還沒說完，她往往可以接下去替他回答，十拿九中。她說：「我幾乎可以看穿他所有的心思，他喜歡吃的東西、他喜歡的顏色、他喜歡的節目……」

另外一個好友Ruby卻抱怨：「我真的完全摸不清我男友到底要什麼？他常常什麼都不說，不表示意見，讓我不知所措，讓我感到很挫折……」

安靜聽著兩人對另一半截然不同的反應與論調，我陷入沉思：「在感情中，我們應該費力去猜心嗎？如果對方希望我去做一件事，為什麼不直接告訴我呢？」

只有小嬰兒，或是仍在牙牙學語階段的小孩，才需要別人從表情、哭聲、行為來判斷他的需求是飢餓、生病、疲倦、或不舒服……但當我們已經長大成人，已學會許多表達內心的方法與溝通方式，為什麼還要讓人費心去猜？如果想表達一件事情，為何不願意直接說出來？

但從另一個角度來看，如果一方想表達自己的感受時，另一方是否有開放傾聽的心胸，去接受不同於自己的想法呢？還是只想扮演「代言人」或「救世主」，滿足自己的好勝心呢？

就像Eva自鳴得意的讀心術，已經養成一種為男友「詮釋」的習慣，踩線犯規而不自知。我記得上回大家聚會時，我問她男友耶誕節想到哪兒度假？他還在思索時，Eva

就插嘴回答：「我們決定去北投泡湯……」當下我看見他男友隱隱地蹙了蹙眉。

我自己也曾犯下同樣的錯誤——老是喜歡替另一半自行下結論。直到我不再自行解讀的時候，才減少自以為是所造成的誤解與衝突。

原來：對方一直沒有履行的度假承諾，是因為在擔心工作：一直沒有把電腦拿去修，是因為處裡事情的優先順序和我不同。

我們習慣插手別人的生活，其實是想用發言權強調自己的存在感。

記得有朋友曾在臉書上PO了個問題：「如果被逼婚，該怎麼做？」

其實去問人家：「為何不結婚？為何不生小孩？」都是很沒有禮貌的問題，這是干涉別人的自由。人們常常以為是關心，其實都是在干擾、騷擾，探究別人私事的心態，有時遠甚於出自真誠的關懷。

每個人心中，都存有一個自以為是「對」的信念。這個對的信念鮮少以利他出發，多半是利己為主，也因此，常常傷害彼此的親密感。

～與自己對話～

Q：為什麼在兩人世界中，我仍感受到「孤寂」？

A：所有的「孤寂」與「冷漠」，都源自於囚禁的心靈。問問自己：你是不是特別容易「遇事想不開？」人生最可怕的是一輩子背著囚禁的包袱前行，這是一種折磨自己的方式，對幸福毫無幫助。你能做的是，拋開包袱，打開心房，擁抱生活，才能用成熟睿智的見解與經驗豐富自己的人生。

我引用《聖經》馬太福音5:37篇中的指引：「你們的話，是，就說是；不是，就說不是；若再多說，就是出於那惡者。」所以我們應該鼓勵、引導另一半將內心中的想法說出來，因為讀心術的程度絕對不等同於愛情的分數。

而我另一個朋友Ruby因為猜不透男友的心，所以決定靜待其變，直到他願意說出自己的想法，否則絕不逼他。

沒想到，一個月後，Ruby告訴我，她要結婚了。

原來男友那段悶悶不樂的時光，

其實是因為發生很多事情。當時他很煩惱工作，卻又必須打起精神去上班，有時情緒惡劣到極點，又怕遷怒人，所以才選擇沉默。

Ruby很慶幸當初沒有給男友過多的壓力，捲進他不想提及的困窘。現在男友找到合適的新工作，雨過天晴後，很感謝她那段時間的默默支持，讓他的心靈找到完整的寄託，所以決定與她攜手一生。

不多心，不猜心，不讀心。直到你相信別人自有解決之道，以及相信在適當的時間，別人會願意把心中的想法說出來，兩性的親密關係才能向前邁進一大步，進入成熟的階段，也只有進入這個階段，才能感受到幸福滿盈的能量。

so i say a little prayer

欣兒小語

如何擺脫「寂寞」的陰影？

◎ 兒童是幸福的專家，仔細觀察小孩，當他們進入自己的世界，即使一個人也非常愜意。常常保有兒童那種獨特的赤子之心，即使單身也不寂寞。

◎ 學習獨處，培養自己獨處的習慣。一個人的時候，可以大叫、大笑、大哭；可以聽音樂、看電影、看書。你會發現，獨處讓心中一片寧靜，這樣的力量會讓所有事情都變得更美好。

◎ 擺脫孤獨，需要寬容之心。用寬厚的心對待周邊的人、事、物，讓四周充滿十足的空間與彈性，這樣的空間會湧進令人難以想像的好事，即使不繽紛絢爛，也一定是喜樂相伴。

◎ 每天都要留一點時間給自己，沉澱心情，學會與自己相處，傾聽自己的內心，適當的獨處與空間，其實更有助於兩性關係。

True to Your Love

治好患得患失症候群。

愛，從來就是一件千迴百轉的事：
有時，晚上想了千條路，早上醒來，還是走回原路。
因爲愛過，所以慈悲；
因爲懂得，所以寬容。

——張愛玲（中國現代作家）

當我們願意去追尋自己想要的快樂，內心就不再是一座孤島。因為一個發自內心快樂的人，會吸引到對的人，用對的方式相愛，才能在愛中共享美好的生命。

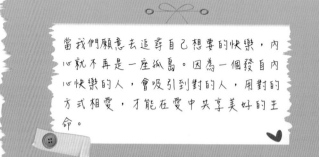

享受做自己的自在，才能享有自由的感情生活。

你懂得在愛情中享受做自己的快樂嗎？還是你為了滿足對方的需求，只能帶上快樂的假面，卻每夜暗自垂淚呢？

Lucy在我的答錄機留言，告訴我她最近很容易陷入一種無助、沮喪的狀態，對未來毫無信心，常去看醫生。

由於前陣子我才剛從醫院探視罹癌末期的朋友，內心正糾結著生離死別的難受，所以沒有立刻回電給她。後來詢問了其他朋友，了解她的近況，得知Lucy並非身體上的病痛時，心中著實鬆了一口氣，

幾天後，我和Lucy碰面，她的樣子看起來非常無助悲觀，好像憂鬱症隨時要發作似的。我跟她聊了許久，想試圖去解開她心中憂鬱的結，才發現都是源自於她對情感患得患失的後遺症。

平時Lucy和男友相處時，兩人相敬如「冰」的方式，讓她感到被排斥，常懷疑自己是否做錯了什麼事，或說錯了什麼話。雖然她對這段感情心灰意冷，卻又走不出來，讓自己陷在周而復始的痛苦中，以至於讓生活中的其他事情幾乎都處於停擺的狀態。

為了讓Lucy暫時抽離那個悲傷的情境，我和Lucy聊到一位癌症末期的朋友與生命奮鬥的歷程。轉移話題後，她的情緒明顯平復許多，看起來也放鬆了些。

回家後，我看了一些關於憂鬱症的專業心理叢書，赫然理解，引發憂鬱症發病的原因，往往是生活中微不足道的小事。因為執著，患者往往將這些微不足道的小事放大，造成身心難以負荷。

Lucy之所以陷入情緒的泥淖中，其實只是在向她的男友招手，希望獲得他的重視、關心。

我不知道憂鬱症患者備受的心靈煎熬，與癌症患者所承受的輻射治療，何者較苦？然而，我所體悟到的是：一個不能「快樂做自己」的人，即使身體健康、擁有再多資產，也無濟於事。

Lucy曾問我：「一個受憂鬱症所苦的人，要如何享受生命？」

其實，痛苦的感受都來自我們的內心，許多與與癌症奮戰的患者，即使病痛當前，仍然選擇勇敢面對。病魔反而讓他們看見生命中真正重要的東西，或許健康不如以往，但卻更懂得珍惜，更坦然面對自己的心。我勸Lucy拋開過往桎梏，做真正的自己，享受當下人生的點點滴滴。

人類的心靈或許敏感，卻不如自己以為的脆弱，不論生命當前承受著什麼樣的難題，只有當我們回歸自我，心才能安定下來。也只有在內心踏實、安然的狀態下，才能享受屬於自己的人生。

享受生命的關鍵是：不讓外界影響你。「以心轉境」，遇到任何事情，都泰然處之。懂得享受是一種高等的智慧，不論有沒有事物讓我們感到愉悅，我們都要發展出能夠享受一切的能力。

試問，你認識自己嗎？你能夠拋開別人的期望，坦然做自己嗎？

接受你自己可能是人生中最簡單、也最複雜的課題。但是也唯有當你對自己有足夠的了解，才能剝離那些不屬於自己的東西，跳脫後天社會價值附加於己的限制，慢慢地，顯露你的本質。

當你看見自己的本質，對於喜歡與不喜歡的感受就會更加清楚分明。於是，會更容易做決定。只要選擇自己想要的，然後毫無怨言地投入，這樣做是為了完成自己，不是任何人的設定，當你這麼做的時候，就能更純然地享受投入的樂趣。

一個懂得追求自我人生價值、享受生命的人，面對很多事情、狀態，都可以怡然自得。例如：享受無事可做、享受被冷落、享受寂寞、享受忙進忙出……更可以享受付出，因為這是你發自內心想親身經歷的過程，不是因為誰的要求，這，才是真享福。

我不想追問、也不想干涉Lucy的感情世界。我在乎的是，Lucy能不能在這段感情中，享受自己扮演的角色，身為朋友的我，雖然希望看到她的感情幸福，卻更希望她能找到自我存在的價值與快樂。

當我們願意去追尋自己想要的快樂，內心就不再是一座孤島。

因為一個發自內心快樂的人，會吸引到對的人，用對的方式相愛，也才能在愛中

共享更美好的生命。

檢視自我內在，你願意以謙柔的態度去接收外界美好的訊息嗎？

我的朋友Fanny是那種十分獨立、謙虛、從不佔人便宜的那種女孩。

像我們跟朋友出去逛街吃飯，朋友請客是經常有的事，但Fanny從來不讓朋友請客，總是分毫不差地付掉她該付的錢。而且，只要你稍稍稱讚她，她會立刻很客氣地回應，讓你知道她並沒有這麼好。

比如：你稱讚她的穿著很時尚，她會說這是十幾年前的舊衣服；你誇她口才很棒，她會說自己經常說錯話。

Fanny總是婉拒別人善意的讚美，這種拒人於千里之外的客套，老實說，反而讓朋友感到很有距離。

我沒想到的是，她對情人也是如此。

就像男友在Fanny生日時精心設計了節目與佳肴，卻無法取悅她。

那晚，她心中一直盤算著各種東西的價值。買音樂盒花了多少錢？訂飯店多少錢？晚餐多少錢？開香檳多少錢？我不能理解Fanny為何要剝奪和情人享受美好時光的機會。

「我覺得他不需要為我做這些事情，我只希望他能多存一些錢。」聽完她的話，我感到非常訝異，很多優秀女孩都有這樣的特質：好的讓另一半自慚形穢！

「為何不放鬆享受與情人的親密時光呢？」我對Fanny的行為還是感到不解。

她眼光閃爍，欲言又止，吞吞吐吐地說：「我怕欠他人情，我不敢接受他對我太好……」Fanny急忙解釋。

「情人間哪有什麼欠不欠人情的問題啊？」我真是被她打敗了。

男友這樣費心經營感情，就開心接受，撒嬌說聲謝謝不就好了嗎？我對Fanny這種過度謙虛、彬彬有禮的虛假，有時也被搞得挺不爽的。然後，我看到她臉上閃過一絲落寞的神情……。

她坦承，生日之後，男友就不再與她聯絡。談到這裡Fanny突然在我面前啜泣起來。

我這才恍然大悟：原來Fanny不接受別人的讚美，是因為她覺得自己「不值得」，因為不值得，所以衍生了各種「不敢接受」的行為。

許多女性無法坦然接受自己，無法正視自己的價值，所以面對眼前的東西，不論禮物還是讚美，一概感到不安，內心會想盡辦法用蔑視或開玩笑的口吻來否定它。

Fanny的內心畏怯表現於外，竟讓人誤以為是一種高傲的自滿！

當她對男友說：「我完全不需要這些」、「你不必這樣大費周章」或是辯解自己的許多優點，貶低自己的行為……其實不只拒絕了對方，同時也拒絕了自己在對方心中的重量。

接受別人的誠心讚美是一種自我肯定的表現。也唯有「接納自我」，才能「真心接納他人」，這才是美好的關係。當一個人看重自己，願意享受「接納」的樂趣，就會得到更多情感交流的甜蜜與快樂。

獨立自主，未必會讓自己更幸福，適時的順服溫柔，反倒更能贏得愛情！

許多女性會覺得剛進入婚姻生活時難以適應，因為過去自己獨立的生活，婚後可能要為了另一半改變，其實，有時候試著讓另一半為你分擔，夫妻之間的相處就會融洽許多。就像Vicky一樣，她是個獨立自主的新女性，婚後卻感覺不斷受到挑戰。

舉例來說，那天先生買了一個歐式的料理鍋，當先生心滿意足地拆開包裝時，Vicky卻在旁踱步思忖，最後對先生說：「我想我們家一輩子也用不到這個鍋……」當下，她就感覺先生的反應不太對勁，完全不知道先生的熱情被她澆了一大盆冷水。

～與自己對話～

Q：為什麼我會感到「患得患失」？

A：所有的痛苦與傷心，都源自於我們無法理解、無法接受，無法放下的情緒，才會讓內心患得患失。問問自己：是什麼東西還卡在內心過不去？面對生命中的缺憾，如果不能逃離，只有想辦法超越。試著從痛苦中領悟深刻的意義，將一時之苦轉為豐富內涵，提升生命價值。只有超脫，不再自認受苦，痛苦也就無法強加於你身上了。

那個拆封到一半的鍋子，就這樣被夫妻倆冷落在廚櫃角落整整半年。

有時候，體恤對方的心意，感謝對方的付出，比急於表達自我的意見更重要。

根據女性雜誌統計顯示，會撒嬌、會依賴的女性，比起獨立自主、冷靜不諂媚的女性，更能贏得男性青睞與喜愛。

有些女性或許會對柔順之術嗤之以鼻，認為這是現在女性主義的倒退，其實不然。

宇宙本是陰陽融合而成，稍微減

損一方的力道，就會破壞原有的平衡。現代的女性可以發揮更多的創造力和行動力，但不應該失去本性中的柔和，這是女性專屬的隱性特質。

情人之間本來就會相互取悅。當女人願意輕聲細語，體諒對方，另一半會更願意傾盡全心全意，盡力滿足你的快樂。

所以，何不好好把握住每一個增進彼此互動的機會？學會感謝，學會體貼，這將會帶兩性關係進入更美好的境界！

欣兒小語

so i say a little prayer

如何轉化自我意念，離苦得樂？

◎ 地獄在人間，人間有天堂，地獄和天堂，只是一念之差。和你分享一個小故事：有個罪人受煉獄之苦，向地藏王菩薩求情，希望廢除上刀山下油鍋這一關，因為實在太痛苦了。地藏王菩薩回答那人：我無法廢除任何一關，因為每一關都是自己的「幻生幻滅」。

◎ 我們都是自己生命的俘虜，常常讓抱怨、指責、壞脾氣霸佔生活。試著解決麻煩，領受指責，也懂得自我喝采，提高對生活的敏銳度，全神貫注地去欣賞美景、聆聽歌聲、品味美酒……讓心從負面情境中學習，也能感受美好。

◎ 當棘手的難題如排山倒海而來……永遠告訴自己：辦法總比困難多。控制住自己的情緒，試圖縮小自己，讓問題看起來很大，然後深呼吸一口氣，像青蛙吹氣鼓足腹部，壯大自己，讓問題看起來很小很小很小……當你的氣勢超越困境，就能解決問題。

True to Your Love

誠實面對內心，還原愛的本能。

世上再也沒有一種情感像愛情那樣深植人心了。
一個處於熱戀中的人假如做了不光彩的事，
都不會像被自己的戀人看見那樣頓時蒼白失色，
愛情無疑是使人向善、向上的力量。

——柏拉圖（古希臘哲學家）

每個人的感情國度，都寄予了許多美好的描繪，情境甚或過於理想天真，讓人誤以為不存在。其實，美夢是確實存在的，只要不放棄信念及決心，所有夢想都是有可能被創造出來的。

這個世界並非殘破不堪，
只要相信：每個人在自己的心中，都有趨於完美的演化方式。

好姊妹Cher告訴我，她的男友Sam往往不考慮她的立場與感受，就直接批評她。所以，她也只好被迫回應情緒性的字眼，結果問題常常沒有獲得解決，反而還受了一肚子氣。

比如幾天前，她在盤點時發生錯誤，誤將客戶訂購的商品歸類為毀損品，結果倉儲部門也未仔細查驗，這批商品就被銷毀了，害公司損失了近十萬。事發後，公司認為她必須為此事負起一半的責任，Cher因此被扣了一個半月的薪水，讓她的心情沮喪到極點。

晚上，Cher回到兩人愛的小窩。早上就已經知道這件事情的Sam，卻始終窩在沙發悠閒地聽歌。Cher一臉愁苦地坐下，期待Sam給些安慰，他卻說：「你怎麼這麼粗心大意呢？」

Cher頓時一把火衝上來，對著Sam咆哮：「為什麼我每天這麼辛苦的出門工作，你卻總是在家裡享受！」

這句話脫口而出後，受到攻擊的Sam馬上跳起來，對著Cher破口大罵：「你以為自己找到一個收入穩定的工作，就可以在這裡對我大呼小叫？」兩人吵得天翻地覆。

Cher哭著對我說：「唉！貧賤夫妻百事哀！我想買房子、想結婚、想安定下來，但是Sam的工作不穩定，常常有一搭沒一搭的。即使我有心想存錢買房子，不要說頭期款，光是每個月要繳的貸款，就現在兩個人的經濟情況，根本就不可能。我根本在談一場沒有未來的感情……」

Cher一哭就停不下來，我拍拍Cher的肩膀，安慰著她。

Cher想要一個安穩的家；而Sam，他只想好好做自己。他是一個音樂工作者，靠接案維生，現階段的他只想好好過過自己想過的生活，並不想揹負房貸的壓力。他希望以後可以獨當一面，成立自己的工作室。

Cher和Sam乍看之下各想各的，但就長久的方向來看，目標卻是一致的。

生活中充滿了無數的現實考驗，不斷地打擊我們的信心，讓人不禁心生懷疑：我走的路是對的嗎？我真的有能力做到嗎？

面對理想與現實的挑戰，只要有健康的心態，對於遠景刻劃「清晰」，就不會在殘酷的現實環境中被淹沒，讓夢想暗無天日。

不久前，我曾讀到一則新聞：生於十三、十四世紀的詩人歐瑪爾（Omar Khayyám）曾在詩作中描繪的美麗仙境波斯花園，在幾個世紀後，被考古學家在波斯高原的深處發現了！

原來，這一切並非詩人的臆想，只是昔日的宮殿早已殘破不堪，玫瑰花園也已雜草叢生，讓夜鶯的鳴叫更顯孤獨……但是，詩中所描述的小溪仍然默默流淌，皎潔的月光依然如百年前明亮。

歐瑪爾詩作中所描繪的波斯花園，經歷了百年的摧殘，在殘山剩水中，至今仍能讓人感受當初的燦爛和輝煌。

其實每個人的感情國度，就像歐瑪爾所描述的詩作，寄予了許多美好的描繪，這些境界甚至過於理想天真，讓人誤以為是一個不存在的美夢。其實，這些美夢確實是存在的，只要不放棄心中的信念，堅持想法並採取具體的行動，所有的夢想都有被創造的可能。

我和Cher分享了波斯花園的故事，並鼓勵她：「不要因為一時的衝動，就輕易將自己苦心經營的感情毀於一旦。」

相愛很難，再見容易。如果，Sam真如她所認為的是個有理想、有抱負的年輕人，她更該對他有足夠的信心，給予對方最大的支持力量，我相信，對方也會產生更大的勇氣，發揮築夢的魄力。

環境從來不會發生錯誤，會出錯的，往往是自己的態度。

聽完我的建議，Cher暫時止住悲泣，她看著我：「我知道我有我的問題……但是，難道Sam一點責任都沒有？」

Sam當然也有不對的地方。當一方產生言語攻擊時，另一方最忌諱做出言語反擊。

如果Sam不用同樣的方式回應，或許就避掉了一場無謂的爭論。Sam的惡劣言語，說穿了，其實只是為了防衛自己，讓現階段有一搭沒一搭的工作型態合理化。

避免針鋒相對，是一種成熟的處事原則。愛最忌諱在脆弱時向對方揮刀舞劍，情緒是魔鬼，時刻潛伏在心中，等待心情潰決時猛然出擊，光是言語就可以將自己和對方刺得遍體鱗傷。被情緒控制的愛，只會釋放毒素，消融好不容易累積的情感積分。

情人針鋒相對時，最好有一方盡量避開當下，讓氣氛緩和。所謂「事緩則圓」，只要保住雙方的自尊，就有空間可以重歸於好。環境從來不會不對，會出錯的，只有自己的態度。許多事情也許現在不夠好，但總有進步的空間，只要兩人之間存在著向上的力量，就一定有修補、轉圜的機會。

談到這裡，Cher突然想到什麼似地告訴我：Sam總是喜歡以調侃代替關心，像個小學生，對喜愛的女同學故作輕視，卻常常去拉對方的辮子。Sam似乎不知道什麼是「正確」的表達，他只知道，小時候，媽媽怕他感冒，都說：「叫你多穿點你不穿，咳死好了！」所以耳濡目染下，他一直將「打是情，罵是愛」當成情感表達的方式。

既然Cher這麼了解Sam的愛情語言，又何必如此耿耿於懷？

Cher臉一沉，對我吐露實情：「音樂是Sam的理想，也是他生命的意義，現階段他只想做自己喜歡的事，不願意對兩人未來的生活有絲毫的妥協。」這才是Cher最在意的地方。

Sam雖然有才華，但截至目前為止都還未找到發揮的舞台，更別談實際、穩定的收入。Cher擔心的是，如果他永遠都找不到這種機會呢？Cher不知道目前的情況還要撐多久？我知道Sam或許做的還不夠多，還不夠好，但是，他不是一直都在「進步中」嗎？

「光是進步對我來說是不夠的……」原來，Cher希望他們有個未來的時間表。

如果Sam不願意承諾呢？Cher能接受嗎？兩人接下去會發生什麼轉變呢？我想Cher得好好想清楚這些問題。

在愛的課題中，最重要的莫過於誠實與信任，如果這兩種力量能夠在愛中充分發揮，即使遇到再大的困境，心也無所畏懼。

如果一個人對自己的心坦然無畏，他的心靈就能常保寧靜，與情人的關係，也不會因為外在世界的風吹草動，而受到絲毫的干擾，因為真正信任自己的人，也會全然地信任別人。

當一方可以接受思想、觀念、生活如此不同的人出現在自己的生命中，既不批評也不干涉，就真正具備了一個愛的靈魂。

只是，要具備這樣高尚的靈魂，有個前提：對方是個值得你用心以對的人。如果對方是值得信賴的人，何須制定時間表？如果對方不是個時時求進步，積極努力的人，而只是善於擺爛、怠惰的男人，那麼Cher的感情恐怕才是所託非人、前途堪慮。

我不知道Cher能不能懂得這些道理，或許她還年輕，但我相信隨著時間成長，她會從中體悟，並且發現自己心靈的轉變，學會判斷。

不干預別人的習慣和行為，
只要求自己的態度，
愛就能真實顯現。

Elian是學科學的，我常常請教她關於科學上的很多觀點。比如：地球是如何生成的？生命的起源？生命的演化……？種種的科學定律與生命現象，都令我好奇不已，我喜歡探索生命的繁衍與愛的連結，在其中思索並領悟許多真理。

地球最初只是一堆氣體和火球，毫無生命。是一種偉大的精神與力量，一種堅持不懈的驅動，讓生命的磁場波動，讓地球不斷發生演化。地球的演化歷經億萬年，從當初的單細胞有機體，進入到複合細胞，再進階到各種生命的孕育繁殖，於是有了魚、蝴蝶、青蛙、長頸鹿、猴子……最後出現人類。

促使世界形成的這股偉大的力量，是一種「不斷進步」的力量，這股力量驅動著萬物消長。這股力量不僅只存於世界，還滲透了生命體。也就是說，我們每個人的內心都擁有一股自然前進的驅動力。

但我們經常忽略這股力量的存在，甚至與之抗衡。其實只要順從這股力量，生命便能完美地、持續地往更美好的方向前行，不論工作、感情、人際、財富、家庭……各個生命領域，都會因著自己內心的這份力量，一點一滴地發生改變。

所以，如果你周遭的事物不是那麼令人滿意，不是那麼順心，甚至引發恐懼、悲傷、痛苦……等負面情緒。請記得：回歸到內心的那股力量，告訴自己，世界永遠朝向演化之路前進，只是一切還在「調整」中。

人人熟知的「莫非定律」（Murphy's Law）也談及關於心念與因果的關係：你覺得會出錯的事，一定會出錯。

當人們的思維陷入痛苦中，接下來就只會持續地吸收到更多的痛苦，產生無法預料的毀損與破壞。

舉個研究的實例：在同一處放置同樣廠牌的二台車，如果先打破其中一台的車窗，不到三小時，這台車窗被打碎的車，會繼續遭到不明人士連續毀損，而另一台車子還是完好如初。這暗示了什麼心理現象？

人們對於完美的東西，會抱持一種支持、推崇和欣賞的態度，下意識地小心維護其完美。一旦東西有了破損，人們便會產生出一種奇怪的心態：「反正都這樣了，再破一點也無所謂。」所以，被打破車窗的車子，會因人們下意識地反應——不需珍惜，再度不自覺地籠罩在更大的破壞陰影之下。

其實大自然存在著許多顛撲不破的真理，瞭解這些真理，就能找到導向幸福的道路。

所以，在感情當中，首先端正自己的心態是極度重要的。隨著心中不斷向上的那股意念，你就能得到想要的。如果忽略這份力量，陷入錯誤的思維，散發什麼意念，就招惹什麼樣的結果。只有把思維拉回到「正確」的定位，未來的路才會清晰，損失才能減到最低。

有位作家朋友曾和我分享：「只要自己清楚自己在做什麼，其實愛誰都一樣。」我雖然不能完全認同這句話，但也對他倡導要「認識自己」的觀念擊掌稱好。

感情的劇本是自己寫的，如果忽視心中向上的引力，被莫名的情緒拉著走，遇到

～與自己對話～

Q：為什麼我無法放心的「信任」對方？

A：如果你無法相信對方，其實是無法相信自己。問問自己，為什麼你無法信任對方？是過去的某些陰影揮之不去？還是他總有些蛛絲馬跡教人起疑？這個人值得你愛嗎？還是你只是為愛而愛？為得到而愛？為掌控而愛？你常常不放心，不就證明了你其實知道問題在哪裡，聽聽自己的內心，找出生命最初存在的向上力量，你會找到答案，並且，開始活得快樂。

不對的戀人，導致有人割腕、有人跳樓、有人哭的死去活來、有人偏執一輩子……這些，都違背了大自然中的那股「進步」的力量。

Elain告訴我，大自然永遠都以和諧平衡的目標行進，只是在達成和諧的過程中，會出現必要的改變，比如：地震、風災、河川氾濫……這些，都只是為了達成某種和諧的必要手段。

我思考著Elain的觀點，發現兩性關係，其實也存在著與大自然相同的目標：愛，從來不是問題的源頭。情人、夫妻會在一起，不都是為了讓彼此更快樂？生活得更好？如果是為了這樣的目的，那麼過程中所經歷的磨難與痛苦，都是值得的。如果不是為了這樣的目的，那麼，怎麼走都是錯的。

如果，你正處於一段痛苦的兩性關係中，請先檢視內心的感受，並告訴自己經過這個過程會讓自己更加成熟。

當我們改變了怪罪命運或遷就對方的態度，重新看待自己，把歷程當作生命的功課，也就改變了兩性關係。

重要的是，別忘了：一切的好與壞都存在於內心，只有當我們更誠實的面對內心，知道自己要的是什麼，明白對方要的是什麼，有沒有讓彼此更快樂？過得更好？我們所企盼的愛，才會如實地呈現出來。

欣兒小語

so i say a little prayer

誠實面對自己，找到愛的態度！

◎ 愛不必費心討好。如果對方愛你，你又何必討好他；對方若不愛你，更加不必。告訴自己：愛與不愛，都無損於原先你的樣貌，最後，只會增加自己的成熟度與判斷力。秉持誠心以及信任去愛，無論結果如何，自己最終都能贏得幸福。

◎ 好桃花、爛桃花都因著自己的心態與磁場吸引而來，若抱持著一次性消費的心態就可能發生一夜情；若總是以隔岸觀火的心態看愛情，永遠也找不到對的人……拿出真心，活的明白，知道自己是誰，就不會陷入愛的絕望。

◎ 好的態度來自好的內在，時時傾聽，勤於拂拭，誠懇信實，不讓心靈蒙塵。真愛值得等待，有時候，真愛來得遲，只是時候未到。當它真的來到，任何問題都不是問題，任何困難也不太難，因為你們心中有彼此。

True to your love

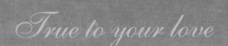

Chapter 2

為什麼我們總是傷害自己最深愛的人？

讓愛發自內心，別把愛推出去

每一段愛情故事的發展，
都映照著主角自身的天性。
因為我們注定在愛中跌倒、受傷，
才能看見自己真正的需求與歸屬。
通過對人性的考驗，
即使面對充滿變數的未來，
攜手終生的心念只會更堅定。

Intimate!

True to Your Love

用最自在的你，面對最愛的人。

生活是一面鏡子，
我們夢寐以求的第一件事情就是從中辨認出自己。
參透爲何，迎接任何。
知道爲何而活，就知道怎樣繼續下去，
就算是熬下去，也值得了！

——尼采（德國哲學家）

要找到一同享受戀愛的情人很容易，但是要找到一個能一起過日子的人很難；有時候，去愛一個適合自己的人，可能比追求一時的風花雪月，還更重要、更踏實。

面對真實的自己，才能看見愛的本質。

我的男性友人Tom是位啣著金湯匙出生的豪富第二代，學歷背景各方面條件都很完美，原本我以為他在愛情方面，應該春風得意，沒想到面對最深愛的女孩，也有無助的低潮時刻。

某次聚會時，他訴說了自己在感情中的受挫與傷害，他說：「失戀後，才知道男人的堅強都是硬裝出來的……」所以，不要看男人平時一副很堅強的樣子，其實都是被逼出來的。男人也有很脆弱的一面。

或許有些人會認為女人比較感性，才會把愛情當成自己的一片天。其實，在愛情世界裡是不分男女的，很多男人在分手之後，也跟女人一樣會心痛、流淚，只是不願意讓別人看到他的懦弱，不得不假裝堅強。

男人真的沒有女人想像中的堅強。Tom繼續說：「尤其在感情最傷痛的時刻，不能哭、不能說，還要維持一貫的風度，保持自己的尊嚴，只有夜深人靜回到家時，握緊拳頭對著牆壁宣洩，不能說出口的苦，更深更痛。」

當女人碰到生命陷落的時刻，可以本能地表現自己的弱勢，尋求安慰，但是男人大多得自己承受。Tom什麼都不缺，但感情上的挫敗，讓他學會了堅強、勇敢、承受、自立，經過這次事件，他變得更成熟了，也了解自己不應該把對愛的期望完全地加在另一個人的身上。

Tom微笑著說：「當我學會照顧自己的時候，也明白了什麼是真正的愛。」

他與我分享從失意中得到的領悟，他說了一句令人玩味的話，也值得你思索看看，他說：「如果你愛自己，就會得到一個驚人的發現！」

「什麼發現？」我問他。

「這我不能說，需要你自己去體會。」什麼嘛！好朋友還藏東藏西的。

回家後我左思右想，突然靈機一動，打電話給Tom，Bingo！果然答對了！

當天晚上，我在便利貼寫下這句話，貼在電腦上：

「如果你愛自己，你就會得到一個驚人的發現：別人也愛你！」

唯有做真實的自己，才沒有被盜版的問題。在這世間上，你就是獨一無二的個體，當你相信可以擁有屬於自己的幸福，你會先做好自己，先愛自己！

所以生活經濟條件不佳、學歷背景不好，是不是門當戶對……其實都不重要。重要的是你自己，你是否有好好地愛自己，這都決定了一個人的生命價值。

用自己原來的樣子去愛，並且，去愛適合自己的人！

我曾收過一份網路上流傳的PPT檔，打開後會先聽到曼妙的音樂，背景是美麗的玫瑰花，搭配緩緩流洩的文字引人無限省思，其中一段的內容這樣寫道：

慢慢地才知道，太在乎別人，往往會傷害自己。

慢慢地才知道，對自己好的人，會隨著時間流逝，愈來愈少。

慢慢地才知道，一個人要對自己好，因為真正關心你的人很少，有了事他也不一定會在你身邊，所以要自己照顧好自己。

慢慢地才知道，真心對一個人好，不一定有回報，而你忽略的人，往往有可能是最重視你的。

慢慢地才知道，很多東西是可遇而不可求的，很多東西只能擁有一次。

……

每次看完這份檔案，我都心有戚戚焉。

尤其是「真心對一個人好，不一定有回報，而你忽略的人，往往有可能是最重視你的。」這句話常常讓我想起一個遠住在美國的朋友Zoe。

那時，Zoe遇到一個喜歡和她玩曖昧的異性友人，我曾經跟Zoe說過：「如果會和你玩曖昧的男人，表示他不夠喜歡你！」但是Zoe從來沒聽進心裡。

我想，也許Zoe也喜歡這種若有似無的曖昧感覺，兩人都只希望維持這種表面關係，一旦其中一人對這段感情認真了，或是想要兩人關係更進一步時，或許，有一方就逃之夭夭了。

沒想到，Zoe很快就陷進去了，當對方知道Zoe竟有意深入這段感情，就來個大失蹤！所幸，Zoe的身邊，總不乏願意照顧她的男伴，當她失望、沮喪、難受的時候，有個傻瓜男會默默地守候著她，但她直到現在，都還沒發現傻瓜男在她心中的份量。

要找到一同享受戀愛的情人很容易，但是要找到一個能一起過日子的人很難；有時候，去愛一個適合自己的人，可能比追求一時的風花雪月，還更重要、更踏實。

大部分的人，都花了太多心力在愛的表達與詮釋：去哪約會？去哪度假？送什麼禮物？穿什麼禮服？吃什麼大餐？把愛情搞得絢爛繁複，卻忽略了自己對愛的想法，忘了正視所愛之人的真實本質。

記得曾看過某本書上將愛情比做植物，戀愛的人需要事先瞭解自己想要的植物，然後選定種子。因為不同的植物，所需要的陽光和水分都不一樣，搭配的土壤和養分也不盡相同，比如：仙人掌耐乾、含羞草喜陽光、九重葛只要適度澆水就能活……所以在設定挑選之前，得先認清自己想要的愛情種子，將來萌芽才不會與想像中的差異太大。

畢竟愛上不對的人，怎麼樣的努力都是白費。

很多人總是抱怨自己沒遇到對的人，沒有戀愛運，只有爛桃花。其實歸咎原因，只是他們不肯先面對自己是什麼樣的人，如果自己都不瞭解自己是什麼樣的人，當然也就更難找到自己真正適合的對象。

要記得，愛情就像是一面無私的鏡子，你給予對方什麼，這份愛就會回饋什麼。當你賦予純淨的愛時，對方也會用各種形式滿足你對愛的需求；但當你從愛中索求的不是情感，而是其他替代的物質時，愛的回饋也將悄然變質。

所以，你希望找到好對象嗎？

那麼第一步你要先認清自己的特質，以自己的需求去愛。然後，以這樣的方法發展下去，就會找到適合自己的人。

愛的承諾由心而生，
來自靈性的交流，
來自靜默時的自在。

我有位朋友，她和男友都頂著高學歷，兩人在大學教書，在一起已經超過十年了。為什麼不結婚？他們說，沒有必要為了那張紙而牽絆彼此，法律並不能保證你的愛情永久。

他們說的對，愛怎麼能跟法律扯上關係呢？

但是我的牧師對於愛有另一種詮釋。牧師認為，兩人應該結婚，不結婚的話，不該有親密行為。他覺得身體是神的宮殿，在神的宮殿中，唯有愛的誓言才能讓兩人進入更親密的關係。

～與自己對話～

Q：我與什麼樣的人共處時最自在、快樂？

A：找雙適合自己的鞋，是重要的。如果這段關係受挫，也絕對是兩個人的問題。在挫敗中，沒有對錯，我們只能認栽：找錯了對象！人們容易因為認識不夠深而相愛，因為太熟識而分離。問問自己：我是什麼樣的一個人？我希望什麼樣的感情？對方可以做到嗎？對方願意和我一起這樣發展下去嗎？愛之前要方向清楚，愛從來就不是問題，問題在我們自己。

牧師說的也對，真正的愛怎能沒有承諾呢？

愛，是一份來自心底的承諾，這份承諾看起來是約束，實際上卻很自由。既約束又自由？有這種愛嗎？難道不矛盾嗎？

有的，有一種愛，來自內心連結宇宙的愛，這種愛只會讓「分享」不斷發生，當愛人者付出的愈來愈多，他也得到愈來愈多。

但是大部分的人，把愛窄化了，把愛變得太俗氣了。愛變成情人愛侶、夫妻之間的拉鋸戰，你給予的，就是我的獲得，你對外的付出，就是我失去的。自私的愛，無法連結宇宙，隔絕世界，把兩人關在監獄裡，只會弄得雙方筋疲力竭，心神消耗殆盡。

愛需要乞討嗎？

當你愛一個人，你會想要付出，不會祈求回報。祈求回報的愛，只是拿愛來進行利益交換而已。

當一方不再乞討愛，就跳脫了乞丐的角色，自然地，對方也不再乞討。當兩人都不再乞討的時候，才會發現，愛，一直都在。當你不再想去「要」，反而想「給」，分享就會不斷地發生。

那時，即使沒有信仰的人，也有了信仰，那就是「愛的信仰」！

愛的信仰將兩人親密地結合在一起，這份力量，既自由又有保障，既安心又穩定。所以，為何非要一張結婚證書不可？真正的愛，無須隻字片語，光是靜默交流，已深深震撼著我們的生命。

欣見小語

so i say a little prayer

我要如何找到對的人？

◎ 學會覺察自己的心，才能提醒自己正確的方向。注意自己喜歡什麼？遇到什麼樣的事情會發火？容易陷入怎樣的誘惑？怎樣的情況會昏頭？從察覺自己、注意自己，到喜歡自己、掌握自己，唯有掌握了自己，你才知道誰會是你的親密伴侶！

◎ 誠實地面對自己，讓自己知道：如果遇到不合適的人，自己的人生會陷入大混亂。試著從現有的混亂中理出頭緒，習慣獨處，與自己心靈對話，慢慢地，你會清楚明白，什麼才是自己要的。

◎ 依據世俗價值：百分之八十的愛情遲早會消失，因為抵不過百分之二十的現實摧毀。拋開世間成見，其實愛會不會消失，端看自己。先往自己人生的方向去努力，自己做好了，那個對的人，自然而然會出現在你面前。

True to Your Love

聽從內心的聲音，尋求解套的答案。

無論我拿下多少獎項，得獎這件事，
對於我的個人幸福、人生的目的，其實並沒有太多影響。
對我來說，人生真正的意義，
來自於用真切的感情，研究這個世界；
來自於關注我所珍愛的人，以及那些需要我幫助的人。

——梅莉史・翠普（奧斯卡最佳女主角）

生命從誕生就被賜予無條件的愛，我們也受此護持。這份愛的引力，源自我們的內在，只要我們聽從內心的聲音，整個宇宙不僅與我們同在，人生與愛情都將如鑽石般閃閃動人。

愛是世間最詭譎難測的現象，
別讓卑劣的愛操控著人心，
因為扭曲的愛只會讓人一敗塗地。

去年，聽聞我的好友Vivian未婚生子的消息，實在是讓許多朋友跌破眼鏡，因為這和大家過去所認識的她相差甚遠。她一做完月子，我就迫不及待地去探訪她。（以我對她的認知，這樣做對她的人生來說，實在太冒險了，我想第一時間為她打氣鼓勵！）

但是當我與她見了面，除了給她一個大大的擁抱之外，一時之間，實在不知道自己該說什麼，腦中霎時間出現幾百萬個問號，又難以啟齒。

因為我所認識的Vivian，是那種「生命中不能沒有戀愛」的女人，她最大的夢想就是與心愛的人「共組一個家庭」，這樣的人會走上「未婚生子」這條非主流的路，我按捺不住地想瞭解：她究竟是為了什麼改變了自己？

就在我欲言又止、心疼憐惜之際，Vivian看出我心底的OS，她說：

「這孩子是我與男友間唯一的連結，雖然他離開我了，我卻無法離開他和孩子，所以，一定要生下來。」

Vivian表面堅強的告白，我聽了，卻想掉眼淚。以朋友的立場，我不禁勸她：「Vivian，你這樣做值得嗎？」因為孩子的父親並不知道他的存在，而且Vivian只想自己獨力將孩子撫養長大。

我直覺這件事不可能像她說得這麼單純，但她身為人母的堅定意志，我也不便再多問或多說什麼，只有賦予母子衷心的祝福。

不過，紙包不住火，一年後，男方還是知道了。男方不但要爭奪小孩的監護權，還要求巨額賠償。Vivian忽然陷入極度的恐慌，她不知道自己該怎麼辦！

現實是殘酷的，男方家世好又有權有勢，當初Vivian愛昏頭，跟他發生關係時早已知道，他是不可能娶自己的，因為他已和一位名門千金訂婚，而且即將走入禮堂。卻沒料到，自己竟懷孕了！

後來男方知道她懷孕了，給她一筆費用希望拿掉孩子，只是她沒有這樣做。

「他知道你沒有拿掉孩子嗎？」

「不知道。」

「那之後他有再找過你嗎？」

「沒有。」

「為什麼沒有？你找過他嗎？」

Vivian哭了，她哽咽地說：「他覺得我們只是玩玩而已……」

我抱抱她，內心非常難過地說：「Vivian，你真傻！男方只是一夜情心態，你卻用一輩子去換。」

我又問：「既然男方並不要小孩，現在為何又回來爭？」

Vivan哭得無法自拔，她說自己一肩背負養育孩子的重任，生活過得很辛苦，某天夜裡，她愈想愈不甘心，於是就把孩子的事，透過管道傳達給他的妻子，造成他們夫妻失合。男方不甘心自己成了被戲耍的對象，決心反過來要搶孩子……。

原來是Vivian承受不住生活的壓力，所以失心瘋地反撲這段沒有結果的愛情，卻弄得自己的境況更狼狽。

「你愛對方嗎？還是你只想報復？」我問Vivian。

「情況變成今天這樣，我已分不清我自己究竟是愛或不愛，我只想保住孩子的撫養權，擁有陪伴他成長的權利……」

我告訴Vivan，能不能得到孩子的監護權並不是重點。

孩子不能成為大人報復對方的犧牲品。他是一個無辜的生命，是宇宙賜予的禮物，他有權利活在一個充滿愛的境環境裡，而不是在爭奪的仇恨中。

「你告訴我，真正想生下孩子的背後原因？」我逼Vivian檢視自己的內心。

「你說出來，沒關係！」

「你不要再問我了，你幫忙想辦法要怎樣奪回孩子……」Vivian避而不答。

我逼她去面對她不敢面對的問題，因為這是一切問題的核心，我只好鐵了心逼她勇敢面對：「你告訴我，沒關係，我是在幫助你，今天的事不會有第三個人知道。」

聽我這樣保證，Vivian終於卸下心防：「我想……這孩子能讓我跟他永遠綁在一起。也許，他會為了孩子與我結婚，我不能放棄這個最後的希望，我想要有個安穩的家，還有……」

「還有什麼？」

「一生的經濟保障，因為他們家很富有……」

終於問出關鍵的問題，我在內心嘆氣：這是所有事情扭曲的起點。

Vivian之所以走到今天的境地，其實是因為她已從一個信仰愛的人，變成扭曲愛的人，因為觀念扭曲了，於是她很容易在金錢、性愛、權力的遊戲中被操控，這些偏激的觀念，讓她原本美好的人生一敗塗地！

為了挽回撫養權，我建議Vivian，寫封信誠心誠意地向男方與他的妻子道歉，對於過往情事，她已淡然釋懷，沒有芥蒂，只希望孩子能在一個充滿母愛的環境中成長。

男方當然還是不甘示弱，表面態度軟化，私底下卻請律師窮追猛打，蒐集各種不利Vivian的證據，但男方的妻子反倒幫了她一把（畢竟他們也有兒女，不希望多個私生子攪亂生活）。

因為Vivian遲來的覺醒，及對方妻子暗中的幫忙，讓法官感受到Vivan對愛的認知與改變，適度衡量她的遭遇與處境，決定將小孩的監護權判給母親，且要求男方必須每個月提供定額的撫養費，保障她們母子經濟無虞，事情峰迴路轉後有了最圓滿的結局。

不論你是否愛昏了頭，千萬要謹記：愛不能玩手段、耍花招，更不能當成工具。愛，需要時時傾聽內心，保持意識清明，只有懷著正確的方式去愛，愛才能引領自己，走向幸福、美滿。

不要浪費時間和精力，
去遵從不會讓你快樂的制約，
告別錯誤的關係，
解放自己捆綁的心。

Vivian的問題是，她因為欲望而扭曲了愛的本質，所以最後只能走上全盤皆輸的局面；但除了追求身分地位，不惜拿自己的幸福做賭注的案例之外，有一種人更慘，就是他是與對方真心相愛，導致身心徹底淪陷，像Betty就屬於後者。

Betty愛上一位已婚熟男。她明知道再繼續下去只有讓自己更痛苦、傷心，卻還是離不開這個壞心男。

更誇張的是，他老婆也知道Betty的存在，一開始夫妻還會為此爭吵，但男方總是說：「你當初認識我，就知道我是這樣的人，如果你受不了，就離婚好了。」漸漸地，夫妻之間也吵累了，太太變成敢怒不敢言，長期受困於身心的煎熬中，面容也憔悴不已。

為了自己想要的愛（或者說欲望），沒有人願意放手，讓問題變得無解。三個人陷入一灘爛泥，動彈不得。

其實Betty何嘗不想解脫，但又一直被對方的某個特質所吸引。這段不正常的戀愛關係，一直牽絆著她，有時她感到內心歉疚，會理性看待這段感情，但隨即又會擔心對方消失在她的世界裡。

她告訴我：「我不能沒有他！」

「Betty，你真的快樂嗎？」她這樣執迷不悟的態度，讓我對她的前途堪慮。

愛會讓人上癮，戀愛症候群患者常常會犯一個毛病：選擇待在被痛苦凌遲的愛情信念與制約中，苦中作樂，似乎以為這樣為愛付出一切的情結更可貴。

如果Betty願意回頭，一切還來得及，只要切斷了這段孽緣，她的人生還有重新開始的機會。要找回昔日的自己，她只需要聽從內心的聲音——那至高無上的指令，便能回歸生命存在的本質，找到屬於自己的幸福。

生命被賜予無條件的愛，我們也受此護持，這份愛的引力源自我們的內在，只要我們聽從內心的聲音，整個宇宙不僅與我們同在，人生與愛情也將散發如鑽石般的光芒。

身為好友的我，只能提醒Betty多聽自己內心的聲音。她告訴我，她聽得好累、想了好多，仍然感到痛苦，還說：「這是一段不平等的情感。」

既然如此，Betty為何走不出感情的漩渦？

因為她擔心若失去這份愛，她會開始質疑自己存在的價值。

我們不該因為寂寞而愛錯人，更不該因愛錯人而寂寞一生。在愛情當中，我們必須先接納自己，然後才有可能去愛和了解別人，找到對的伴侶。

保持與自己的內心對話，只有傾聽，才知道自己是誰，需要什麼樣至深、摯愛的伴侶。

為了幫助Betty覺醒，我送了一本《鄧肯自傳》給她，希望她能藉著「現代舞之母」伊莎朵那・鄧肯（Isadora Duncan）的故事，激發出正向的信念。

鄧肯一生都順從內心的聲音，並以此心法授教，她告訴學生：「用你們的心靈去聽音樂。現在，你一邊聽，是不是能感覺到有一個自我正在你內心深處覺醒？——正是靠這股自我的力量，你才抬起你的頭，舉起你的臂，慢慢地走向光明。」她的舞姿因為聽從內心的指引，渾然天成，奠定了現代舞之母的地位。

Betty的不倫戀，或許受著道德撻伐與良心譴責，或許受法律制約，但，這些都不是重點，最重要的是她真正的感受：這樣的愛，會讓你快樂嗎？會讓對方快樂嗎？

其實單單注視內心，便足以解決感情難題。

所幸，Betty果然受到鄧肯人生故事的感化，在反覆的掙扎下，徹底地與壞心男斷絕來往，雖然受傷的心一時難以平復，但既然她已經跨出了第一步，我相信未來快樂的愛正在等著與她相遇。

閃耀光芒、過度包裝的愛，再加上虛華心態，並不會讓你得到踏實的幸福。

除了追求不切實際的夢想、愛昏頭之外，還有一種人往往被愛情牽著走，卻還不自覺，就是為了——「虛榮心」。

Dona非常喜歡逛百貨公司，而且還常常喜歡選購超出自己能力的奢侈品。我很早就注意到她非常渴望浮華的生活。

事出必有因，Dona在娛樂圈工作，身邊的人幾乎都是大明星，那些人過著非凡人的奢華生活，近朱者赤，近墨者黑，不受影響也難。

有一天，Dona開心地告訴我，她找到了真命天子，替她高興之餘，好奇心也讓我追問到底是何方神聖？沒想到，對方竟是演藝圈頗有前景的男明星。我一方面衷心地祝福她，但也不免替她捏把冷汗。

不過，愛是人的本能與原始的需要，難道大明星就不能談戀愛？我一時感到自己對演藝圈的偏見太深。

但是偶像明星大多都有罩門——戀情不太能公開。我想Dona的這段戀情，只能包覆在層層裹裹的螢光幕後，不過既然愛上了，又何必管他人眼光？

幾個月後，再見到Dona，她整個人變得很不一樣，容光煥發，神采奕奕，有如明星般耀眼。

「做個隱形情人，還習慣嗎？」我關心地問。

「感覺飄飄然的，有時很幸福滿足；有時又覺得虛幻難辨、脫離現實。」

「你們的未來有沒有什麼規畫？」我總以為愛應該要有承諾，或是至少要以他人的幸福快樂，以及安全感為依歸。

「還太早了吧！我們兩人都沒有定下來的心理準備。」Dona不假思索地回答。

幾天過後，我從影劇版看到這位明星大方公開自己戀愛ing的消息，雖然沒有公開

～與自己對話～

Q：在關係中，你最常聽到自己的心說些什麼？

A：愛成謎之際，請靜下來傾聽你的心。愛情的浪漫、意亂、容易讓人走入陷阱，試著去聽聽看，自己內心有什麼聲音：什麼事情讓自己憂傷？哪件事情讓我生氣？為什麼會生氣？為什麼心在痛？哪個地方放不下？一定要經歷這些折磨嗎？沒有對方真的活不下去嗎？……愛的答案，其實存在我們的內心，等答案揭曉，迷霧就會散去。

女方姓名，我內心掠過一絲喜悅，很替Dona高興。

哪知，八卦媒體不斷地追蹤男明星的戀愛對象，後來發現竟是另一位線上知名的女星，Dona莫名成了山寨版女友。

看到報導後，我不想探究Dnoa的感情私事，除非她需要我。

過了一段時間，她也無消無息，我也以為她或許對這段感情已釋懷了。一直到朋友打電話告訴我，她喝酒加安眠藥，倒臥在家，我才驚覺事態嚴重。

在充滿虛假光芒的演藝圈裡，會有人願意付出真愛嗎？或許有，只是很不幸地沒有發生在Dona身上。

《聖經》哥林多前書第十三章闡義：「愛是不做害羞的事」，說明當愛不見天日，弊端就叢生。

與明星的戀愛尤其有這一道護身符，更可以暗渡陳倉，大玩把戲。很多偶像明星將另一半這樣定位：你應該體諒身為偶像的包袱，知道粉絲的支持對星途發展的重要性。這種愛的動機，是要逼另一半完全地委屈自己。

老話一句：不委屈，真愛才得以顯現。

所幸Dona被發現得早，撿回一條命，在她熟睡的病床旁，我默禱，祈求她醒來後可以做愛情的主，做自己的主，做生命的主，去經歷和享受一場「正大光明」的愛。

so i say a little prayer

欣見小語

我該如何聽見自己最原始的聲音？

◎ 愛情，是兩人共同演出的電影，有時無法察覺警訊。當關係出現裂痕，請各自放空心情，在心裡騰出一面明鏡，唯有如此，才能如實反映愛的面目，去做正確的反應。

◎ 我們都不允許另一半背叛自己，卻也從未真正知道自己或對方想要什麼。放心把自己交給內心的神，常常許願、禱告、敬拜……讓生命充滿靈性，靈性中的本我具有強大的吸引力，會讓你聽見內心的聲音，充滿魅力，當自己具備十足的吸引力，已無背叛疑慮。

◎ 人人都可以輕鬆又快樂的獲得愛情，前提是：要全然地相信自己的內心。快樂與否，只有你說了算！

◎ 其實當我們展現負面情緒之時，往往最接近真實的自己。下一次，當你感到傷心、憤怒之際，試著讓情緒鎮定下來，隨著時間流洩排解，並靜靜地思索：屏除外界的因素，為什麼我會有這種感受、反應？有時，答案就在你心裡。

True to Your Love

讓心自由翱翔，直升愛的天堂。

愛情只有當它自由自在時，才會葉茂花繁。認爲愛情是某種義務的思想，只會置愛情於死地。你「應該」愛某個人的意念，足以使你對這個人恨之入骨。

——羅素（英國哲學家）

人們往往沒有認知到自己帶進了什麼樣的訊息進到內心，也從沒有認知到自己是如何受負面資訊影響人生進程。大多數人都是感情的預言家，期待自己演出各種的愛情悲劇。

在感情中，

似乎每個人都顯得缺乏信心，

這是因為一開始就做了負面的設定。

我的朋友Fanny學生時代是系上的校花，出社會後交了男友，對方的學識、經濟、品格……各方面的條件都不錯，雖然Fanny自己本身的條件也很好，可是，她總是顯露出對這段感情沒什麼信心的一面。

她的猶豫，在於男友經常忙於工作，很少花時間經營兩人的感情，讓她常常覺得這段關係岌岌可危。

大部分的女人一談了戀愛，總是把所有的心思投入在戀愛中。如果不太了解對方的作息、生活，就會帶著懷疑之心。

「難道你希望他大部分時間都跟你在一起？」我對Fanny談著一場擁有個人時間與空間的戀愛感到難得，對她的擔憂不明就裡。

「也不是，只是我很不喜歡他脫離我的視線範圍，他都說自己在工作，就像他剛剛又打來說要加班，但我感覺他常常很神秘，讓我摸不著頭緒，又不敢問他，只好猜心……」Fanny無辜地說。

「沒什麼好猜的，走，我們現在就去他公司，看他是不是真的在工作。」我拉著Fanny走，與其成天猜疑，不如一探究竟。

到了公司樓下，Fanny打了通以送點心為由的電話，男友也開心地下來拿愛心甜點，寒暄幾句後，我就拉著Fanny去逛街。

「安心了吧！」我嘲笑Fanny。

在感情中，情人會害怕對方擁有自由，因為，自由是危險的。我們期望情人在視線裡、掌控中，但，人本該如同小鳥自由自在地飛，即便有了伴侶，也不該失去自由。

我發現，Fanny的心中存有好多負面的程式，不快樂的情緒充斥內心，讓她終日惶惶不安，伴侶得不到自由，自己也變得愈來愈神經質。

人類的心靈，其實如同電腦資料庫，裡面貯藏著各式各樣的資訊。你允許什麼樣的資訊進入頭腦，就允許什麼樣的信念、行為，進入你的人生。

我勸Fanny：「你目前最需要的，就是讓心自由！」

把負面想法丟掉，停止再吸收八卦雜誌上的腥膻色新聞。那些外遇、挫敗、沮喪的報導，都只呈現出愛情中卑劣的一面，目的是希望讓消費者掏錢一窺戲劇性的人生。但是花錢事小，誤導事大。

Fanny看多了負面報導，對於愛情不只停在「憂心忡忡」而已，簡直是到了「不二十四小時跟在男友身邊，就無法安心的糟糕地步」。

人們往往沒有認知到自己帶進了什麼樣的資訊進到內心，也從沒有認知到自己是如何受負面資訊影響人生進程。大多數人都是感情的預言家，期待自己演出各種的愛情悲劇。

其實，每個人都應該重新設定幸福的心靈方程式。首先，先消除自己人生中，阻礙或模糊自己對於情感的種種錯誤認知，尤其，要與「害怕自由」劃清界限。

愛，需要空間呼吸，才能自由自在地成長茁壯。

每件事情的發生，
都是一種啟發，
善加運用，
就是成長的養分。

愛的世界中充滿了各種故事、各種組合，愛是如此的魔幻，深不可測，而讓人深深著迷。但每一段愛情故事，其中的情節都反映了主角自身的性格缺陷，換個角度來看，就是因為我們注定在愛中跌倒、受傷，了解自己的需求與歸屬。面對未知的未來，心才能更堅定、堅強。

「我覺得相愛就如一座監獄。」Helen似乎有感而發地說出口。

「為什麼當我們宣告愛一個人，就要拒絕其他的機會？」Helen不解地問。

「你可以去愛很多人啊，只是你愛的人會受到傷害。而且，據說，對伴侶專一是人類進化的結果，愈聰明的人，偷吃的機會就愈低；智力愈低等的，劈腿的機率就愈大……」Helen聽我這麼說，忍不住噗嗤笑了起來。

我也忍不住笑了起來，其實，我覺得愛情有時候不是外人能理解的，偷吃劈腿是個人的私事，很難用智商高低予以評論，感情的流向也並非用道德就能約束，只是我們都已經成熟了，懂得約束自我，顧及別人感受，不願意去傷害最愛的人。

但是人的欲望，是永遠無法獲得滿足的；人對浪漫的追尋，也一直存在於內心深處。愛情，恰恰是欲望與浪漫的舞台，難怪會成為電影、文學、音樂……各種藝術形式探討、表現的主題。

談到這裡，Helen跟我坦承，她曾經受到誘惑。我不敢相信地看著已婚的她，這是意謂著：她曾出軌過嗎？

「當時，我只想拋開婚姻的束縛，滿足心底最深、最強烈的渴望。」Helen的眼睛閃著光芒，卻隨即低下頭：「然後，我就付出了極慘痛的代價。」

原來Helen因這場外遇，偷偷辦了離婚，至今連雙方家長都不知道，遑論我們這群局外人。

我非常詫異，還一直以為她的婚姻美滿安穩。

「那小孩呢？小孩怎麼辦？」這是我第一個關心的問題。

Helen對著我苦笑：「我還沒讓小孩知道，只是這個代價太高，我換得了自由，卻永遠失去了先生對我的信任與愛。」

我對Helen就這樣輕易結束一段婚姻感到不可思議。雖然愛情誠可貴，自由價更高。但有時候，自由，只是美好的託辭。

在真實的世界中，沒有人擁有絕對的自由，因為彼此都是緊密連結、環環相扣的，任何一個人的決策變動，都有可能更改了許多人的命運。即使位高權重如君王，也不可能擁有充分的自由，反而因為他的決策會影響到全國人的生計，反而更不自由。

「你那個外遇的對象，對你好嗎？」我試探地問。

「他知道我離婚後，竟然消失得無影無蹤了。」Helen的神色看起來非常哀傷。

我也被這種情節的發展搞糊塗了。

「他說承擔不起我的深情，也無法接受我和孩子。」Helen將眼神望向遠方，彷彿這一切都離她好遠，她只是在訴說別人的悲傷故事。

我能理解，感情世界中，有人有勇氣放手一搏，當然也有人會怯懦逃脫。

「離婚是我先開口的，我只是沒想到那個男的卻因此離開我，先生也不可能原諒我。」Helen這種愚昧的勇氣，教我更加不捨。事情發生後，她決定為這個選擇負責到底，遇到一個不及格的外遇對象，只好認栽！

愛，雖然不需要任何理由，只為了滿足兩個人的需求。沒錯，這是愛，但，這只是情欲之愛。而我們最常忽略的，就是情欲之愛對人生發展的殺傷力。

所幸，每一個事件的發生都是一種啟發，如果善加運用，就可以轉化為成長的養分。

這個時間點去評斷Helen的行為對或錯是毫無意義的。無論如何，她已為自己的行為承受了所有的結果，這件事也讓她重新思考愛的真諦：愛，絕不僅止於情欲，而是整個生命存在的意義。

真正的愛情會讓一個人在各方面都有所助益，即使面對困境，也因有愛的力量，而能無畏、正面以對。

一個人當然可以同時愛很多人，只是有個但書：愛，需要保持心的自由，但不能放縱。

當愛跳脫私欲，成為幫助人的大愛時，愛，就該無限擴展！

愛是流動的，
關係的無聊、匱乏，
都源自於：失去自由。

Iris和我抱怨，她最近經常睡不著。我不禁關心她的近況，發現她睡不著的原因，其實是內心的若有所失造成的。

當內心深處的渴求無法獲得滿足，就會滋生不安的情緒，讓生活不安穩，內心無法安然，就容易對生活感到失望，所以，她常常睡不著。

那麼Iris渴求什麼呢？

自從嫁給先生後，Iris就成為全職的家庭主婦，全心為家庭付出。按照夫妻倆的計畫，結婚二年後，生了第一個小寶寶，結婚第三年，第二個孩子也出生了，完美的家庭計劃背後，卻代表著無止盡的家庭瑣事。

「你能夠想像家庭主婦的生活嗎？」Iris滔滔不絕地數落起來：「家務是這世界上最沉悶、最乏味、最耗費時間、最花精力的工作了。每天每天，重覆一樣的工作，日復一日、年復一年，作飯、洗碗、洗衣、買菜、整理、打掃……餐桌上，只要飯菜一準備好，大家就埋頭吃飯；吃完飯，大家自動解散後，我得收拾碗筷、洗碗。每個人好像都對房間自動變乾淨感到習慣，掉了的東西也會自己歸位，每天有乾淨的衣服可穿更是理所當然……」

Iris叨絮不停，我知道她厭倦了家庭主婦的生活，感到自己在家裡缺乏地位。

～與自己對話～

Q：為什麼我在愛中反而感到不自由？

A 愛的可遇不可求，讓每個人小心地捧在手心，寸步不離。雖然愛的疆界是為了保護情人的關係，但這道界線卻如同空氣般隱形，並非一座座冷漠的高牆。適度地跨出小圈圈，和其他領域的人交好，交流其他形式的愛，再用收獲的能量，灌溉自己的園地，如此一來，愛情作物就不會荒蕪，而能結成飽滿剔透的果實，並且生生不息。

因為大多數的家庭主婦從來聽不到隻字片語的認可，多數人都認為媽媽做家事是天經地義、理所當然的事。其實，家庭主婦的工作是世界上最具挑戰的工作，只是這項工作因為太平凡，所以容易被忽視與輕蔑。

我想，Iris的付出需要被家人認可，尤其是先生認可：她的存在對這個家而言是重要的，有價值的。頻繁家務伴隨著極度的疲憊感，讓Iris幾乎想罷工不幹了。

還沒有聽過家庭主婦可以辭職的，但是，Why not？

就像一個人莫名被派去做一個日

復一日沒變化的苦差事一樣，這種缺乏認可的心靈空洞，比什麼都難受。

心的自由，是愛的終極展現。不自由的愛，是某種形式的綁架，這樣的愛，最後也將流於無聊、甚至輕蔑。

兩性關係需要自由與尊重，也讓兩個人的愛更長久。

我期待Iris跳脫框架，找回愛的自由，我鼓勵她為自己爭取更多的精神回饋，唯有讓全家人知道母親這個角色非凡人所能及，不是其他人可以替代，全家都應該感謝，並主動協助操持家務。

唯有家庭主婦被提高到這樣一個高度時，自由才能被彰顯，她也因此獲得該有的尊重與地位，成為全家人賴以依靠的精神支柱，這才是為愛付出的意義，讓自己與身邊的人都感到更幸福。

欣兒小語

so i say a little prayer

我該如何在牽手、放手之間，去看見更多愛的可能？

◎ 在愛中保持開放的交往方式與心態，會讓愛出現更多可能。勇於付出愛的人，彷彿一顆太陽，讓人接近備感溫暖；吝於付出愛的人，如同黑夜，容易將情感逼近死穴。愛，不怕競爭，只怕窒息。想展現鑽石的亮度，如果緊握拳頭，別人無法欣賞其美，攤開手掌，反而得到更多讚嘆！

◎ 愛的渴望絕對是自由的，去壓抑渴望，或是去控制自由，都會將愛鎖死。當你沉溺在愛中，盡量學習透過更高的角度觀照愛的本質，當你這麼做時，愛就會出現另外一種契機。

◎ 牽手與放手之間，或許痛苦掙扎，試著這樣去思考：感情這件事與他人無關，唯一有關的是：只有我感到幸福與自在，身邊愛我的人才能幸福。

True to Your Love

透視愛的本質，在心靈世界共舞。

再愛的人，會有遠走的一天，
該放棄的絕不挽留，該珍惜的絕不放手。
分手後不可以做朋友，因爲彼此傷害過，
也不可以做敵人，因爲彼此深愛過！

——莎士比亞（英國文學家）

深刻的愛，必須發自內心的深度交流。深層的愛為人所帶來的蛻變，總是超乎預期，其力量如隱藏的泉源流動，如冰河遷移，會撼動生命，帶來強大的幸福能量。

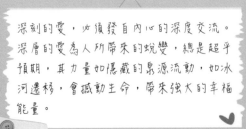

當愛進入停滯期，
需要更深化的能量、理解，
伴隨雙方的共同調整、成長，
才能讓感情進階。

當愛情走入成熟期，會出現三種情況：一種會往更深入的關係發展，順利走向開花結果；另一種則會出現撞牆期，在未出現另一階段的關鍵契機之前，兩人從熱戀的激情回歸到平實的相處；第三種狀況是不進則退，在關係深化的過程中，發現了更多嚴重的問題、反而增加彼此的矛盾、磨合，看似甜蜜不如以往，卻仍有進階的可能；但如果磨合過久，磨掉了愛情，也有可能退回原點。

所以關鍵在於深化的進程是否發展順利，但也有可能一直徘徊在進進退退的路口，如同Georgia的感情故事一般，撲朔迷離，像在迷宮中，不斷繞著圈子打轉。

Georgia總是不想被愛綁住、不想被依賴、不想老是等待、不想感受失望……每一種不滿，似乎都足以成為每次分手的理由。

然後，她的感情世界會進入一種循環：想要一個人，抽身後，又覺得對愛有飢渴，然後又跳進去……每次都是這樣，在「靠近一點、離遠一點」之間不斷拉扯，始終無法順利往下一個階段前進。

為什麼會這樣呢？

其實不是只有Georgia有這種問題，很多交往多年的情侶，都會出現這種拉鋸戰：最初兩人帶著各自的想像結合，後來發現完全不是那樣一回事，想要分開，分開後，又懷念彼此，再重新復合。這樣一來一往之間，不知不覺就過了好幾年。

這種感情有個特點：食之無味，棄之可惜！又或者應該這麼說：提不起也放不下，感情呈現一個尷尬的期待：騎驢找馬，等待更好的出現。

但是通常，更好的並不會出現。因為心門關不了，也就開不了，這種感情只會持續僵持著，放到爛。

其實，在這種階段，我們應該主動去創造更多「愛的回應」，讓兩人的靈魂一同進入更深的層次，讓愛更濃烈足以進階……就像油畫，經過層層上色，顏色反而更飽滿鮮明！

我和Georgia分享深化愛情的觀念，但她覺得彼此都認識很久很深了，還有什麼值得探索？她不想這樣費心，她問我：有沒有簡單一點的方法，直接跳級？

「如果不深入彼此靈魂，在內心深層交流，情感就容易流於表面，既然仍未在彼此心中扎根，那麼難免走向聚散離合的十字路口，想要更好的感情狀態，就必須改善對愛情的思維方式。」我笑著回答。

「怎麼那麼麻煩！我只希望他陪我逛街、幫我分擔我不會或不喜歡做的雜事、即使交往久了，仍時時刻刻關心我的需求……」Georgia任性地說。

「那你何不找個傭人？」我只好戳破她的想像。

要滿足功能性的愛，花錢就可以買到。但愛情不是一場買賣，而是幫助雙方一同成長的觸媒，她卻聽不懂。

幾個月後，重複的問題又發生了。Georgia像個迷失的小孩，把愛情當食物，餓了就吃，毫不在意食物的滋味。她的愛情，生理層面大過心靈互動，這樣的愛沒有根基，就容易搖搖欲墜。

其實愛只要伴隨著某些思維的改變、調整，就能不同以往。

因為深刻的愛，必須發自內心交流。深層的愛為人所帶來的蛻變，總是超乎預期，其力量如隱藏的泉源流動，如冰河遷移，會撼動生命，帶來更強大的幸福。

藉著愛的失落，我們看見自己，顯現愛的奇蹟。

為了愛而生的我們，也因愛失落、飛翔，但在情感陷落之時，或許就是見證下一個奇蹟的時刻，千萬別因愛的得失，而忘了繼續追尋生命的意義。

Ivy失戀之後，一直無法振作。我常常在臉書看到她用悲傷的文字寫下自己的心情。她習慣把很多事情都藏在心裡，用冷漠的表情來掩飾失落的感受。

有時候我也不知道該跟她說些什麼。或許是年輕吧！在愛與不愛之間苦苦徘徊，在失戀與痛苦之中苦苦掙扎，在傷人與被傷之間默默承受，這些，都將會是青春的記憶，成長的過程。

看到Ivy把自己包覆在痛苦之網裡，我忍不住在她的臉書留言，希望她不要沉溺在自己孤獨和寂寞的世界，每個人都會失戀，哀傷悼念是人之常情，但不應深陷其中，應該試著走出來，你會發現外面豐富的世界仍等待你的參與。

愛，有時是具有破壞力的。特別是年輕時的愛情，發生與結束可能就在轉眼之間，當你還未學會愛的價值與意義就已逝去。尤其是那種為愛化身飛蛾，撲火終生不悔的激情，有時候會讓身邊所有人錯愕……年輕時的愛，破壞力遠比創造力多。

要記得，愛是為了讓我們成為更好的人。

就算無法避免變質，無法避免分手發生，無法創造愛的價值與意義，至少，要知

～與自己對話～

Q：我想在愛中尋找什麼？

A：每個人對愛都有目標，你的目標是身體的渴望？心靈的需求？或是付出的喜悅？金錢的滿足……？不論這些渴望是好是壞，問問自己：我希望在愛中獲得什麼？我的渴望會獲得滿足嗎？我的渴望會帶來傷害嗎？唯有穿透愛的本質，才能看見真相，看到自己對愛播下的種子，最終呈現什麼樣的結果，愛是迴力球，你拋出去的是什麼，就會回收什麼。

道，愛是良善的，就有勇氣走出低潮。

Ivy說：「如果愛的結果令人悲痛，怎麼會是善意的？」

我說：「悲痛的愛，只是某個環節出錯了，真正的愛，還在前方。不管結果如何，愛本身就是一種祝福，願你的人生更美好。長遠來看，愛是一種正向的推力，即使眼前受阻，只要你繼續前進，轉機就在等待著你。」

愛，有時候需要歷經一些幻滅才能成長。失敗的愛一定比一次就成功的愛更深刻，因為失敗的愛讓人看見真相，讓人思考自己要什麼，愛的力量，是造物者對生命的祝福。

愛的福佑，如同恩雨，滋潤我們的心靈。藉著愛的失落，我們看見自己的轉變，從失敗的戀愛中看見愛的本質，進而學習成長，重新在兩人世界當中找到愛的立足點，享受愛的默契與交流，這，就是愛的奇蹟。

so i say a little prayer

欣兒小語

我該如何提升愛的層次，讓情感更深更長遠？

◎ 如果你的愛情帶給你痛苦，顯然是某個地方出錯了。當愛出錯，一定會發出訊息，只有給予正確的回應，才能解除愛的危機。

◎ 愛情有兩種：一種是不聽對方，另一種是都聽對方，這兩種愛走到某個階段都會停滯，無法提升，唯有透過交流，平衡關係，保有共識，這樣才能長久。

◎ 愛情最大痛苦的來自於：你以為一切都進行得很順利，沒想到卻已誤入歧途。回頭檢視當初發生問題的癥結吧！誠實看待兩性關係，深刻溝通，避免走回頭路，幫助自己和伴侶進入親密的心靈交流。

◎ 當愛陷入停滯，試著增加平時溝通的深度。從關心日常生活的話題，談及對方的感受；或是談論到未來的計劃時，一起構想彼此達成所需付出的規劃，這些都是幫你在愛中進階的實際方法。

Notes

True to your Love

True to your love

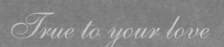

Chapter 3

為什麼我們寧願對別人好，也不敢多疼自己一點

不需要為愛犧牲，你應該為自己而活

愛情，不能單憑一個人獨力支撐，
唯有讓對方接收到「我需要你」的訊號，
心靈的「供需關係」才能平衡。
適度地讓情人伸出援手，
因付出的體貼與受惠的甜蜜，
會讓兩人的關係更緊密相依。

Yourself!

True to Your Love

用愛照亮恐懼的陰影。

未能令我致死之事，必使我更堅強。
我們不必羨慕他人的才能，也不須悲歎自己的平庸；
各人都有他的個性魅力。
最重要的是認識自己的個性，加以發展。
——松下幸之助（日本經營之神）

愛從不往「壞處」想，愛只會問：「我可以為你做些什麼？」恐懼則虎視眈眈地注意事情的嚴重後果，恐懼只會問：「這件事對我有什麼影響？」

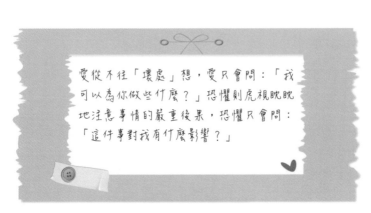

盲目的恐懼只會預告失敗的結局，唯有愛的力量，可以解除恐懼的捆綁。

某次下午茶聚會時，Cathy問我：「你會不會擔憂年華老去，自己卻還沒有嫁出去？」

我實在不知道該如何回答她這個問題，面對生活每個人都有自己的擔憂，我倒是從未擔心過這點，主要是因為現代女人已能獨立自主，況且，並不是每個女人都一心一意只想追求婚姻。（當然，對我來說，幸福婚姻，還是一件值得期待的事……）

倒是Cathy這樣一問，卻讓她的心事不言自明。

Cathy恐慌地說：「你知道嗎？昨天我看雜誌上寫，有70％以上的女性，最擔心的，就是臉上不知不覺出現歲月的痕跡，怕失去魅力。還有生不生孩子、什麼時候生……這些問題都困擾著我，我怕美麗消失，怕生孩子後身材發福，怕經濟不景氣沒了工作，怕結了婚另一半會有外遇……唉！一堆擔心不完的事情……」

不止Cathy，許多黃金單身女都有同樣的擔憂：尤其，怕真心被辜負！在這個自由氾濫、處處充滿誘惑、缺乏道德束縛的時代，一人怕孤獨，兩人又怕受傷！

恐懼，如同一種魔咒，阻止我們放膽去愛的步伐。

根據心理學的理論，恐懼有四種原型：害怕把自己交出去、害怕做自己、害怕改變、以及害怕既定的規律。而唯一戰勝恐懼的方法，就是：別管那麼多，去愛就對了！

Cathy則認為，她的恐懼就是源於對愛的不信任，如果勇敢去愛是唯一解決的方法，那不就意味著：無解？

看來她實在是太憂慮了，我只好更深入淺出地解釋愛的魔力，比如：媽媽很怕蟑螂，但是當蟑螂出現在孩子身旁，使孩子飽受驚嚇，她也會義無反顧地伸出手去打蟑螂，因為她要保護孩子，這就是愛的力量！

所以，勇敢去愛，是克服一切恐懼的最佳方法。

即使容華老去也不會阻擋我們愛的能力，因為有心相守就不會在乎一根白髮、一道皺紋；即使年齡漸增，傳宗接代也不會阻止愛的可能。就算兩人有了愛的結晶，也難保愛就能天長地久、不會生變……。

愛從不往「壞處」想，愛只會問：「我可以為你做些什麼？」恐懼則虎視眈眈注意事情的嚴重後果，恐懼只會問：「這件事對我有什麼影響？」

愛會讓你「凡事相信」，恐懼則會讓你「疑心重重」。所以，恐懼只會帶來更大的恐懼，愛則帶來平安、喜樂、滿足。

我鼓勵Cathy不要把注意力集中在擔憂的情緒上，唯有這樣，才願意為愛冒險，也才有「遇見真命天子」的機會。

試著，把愛想成一道光，讓光進到心裡，讓愛和心靈緊密連結，常常這樣想，就會出現許多光明正向的轉機，讓恐懼無所遁形。

我們期望自己有吸引力，卻害怕面對獨具魅力的人？

那天跟Linda逛百貨公司時，看到前方一位舉止優雅、十分美麗的女性。她的高貴氣質讓我忍不住多看了一眼，對方也注意到我的眼神落在她身上，我假裝沒事，繼續挑選衣服，Linda則悄悄靠近，在我耳邊說：「那個散發魅力的女人不知為何讓我感到害怕？」

過了一會兒，我倆逛累了，就找了咖啡廳想歇歇，才剛坐下，Linda就問我：「剛剛那個女人有一種奇異的吸引力，對不對？」

「是啊，忍不住讓人多看幾眼，但，那又怎麼樣呢？」我問。

「我害怕這麼有魅力的女人……」

「你就這樣小看自己啊，你也不差，為何要自動矮人一截呢？」

「真的？我也不差嗎？比起剛剛那個女人，誰比較吸引你的注意呢？」

我當然要幫自己的朋友打劑強心針，更何況，我的朋友氣質出眾，完全不像剛才那個女人——擺譜。

但是，讓我更好奇的是：每個女人都希望自己充滿魅力，為何遇到這樣的女人反而會感到全身不自在呢？

認真審視這個問題，會發現有魅力的女人之所以令人感到害怕，是因為擔心自己「不如人」。

因為擁有魅力的人，自然而然地會成為大多數人的焦點，但人都是在意存在感，讓其它面臨存在感危機的女人感到不舒服，這完全都是出自於內心的自卑感與自我意識作祟。

美，的確充滿令人難以逼視的蠱惑力。

這也是為什麼世界上的女人無所不用其極地追求美的價值。因為「美感」會引發

～與自己對話～

Q：獨處時，我是否會感到恐懼或不安的情緒？

A：愛中沒有恐懼，愛中只有祝福與安詳，恐懼源於自己對愛的不確定、不堅定與動搖的心。問問自己：為什麼我會恐懼不安？聆聽自己的心，去感受自己內在那碩大無比的力量，利用良善的心引進愛的光芒，接受愛的能量，照亮內心的黑暗，驅除恐懼與不安。別讓自己幻生的恐懼欺壓自己，興風作浪，愛才能在暖陽的包圍下，閃閃發光。

人類不可撼動的追尋衝動，內心也會深切地期待與之連結。

Linda又說：「我覺得美麗的女人是危險的。」

為什麼Linda會如此害怕？她害怕自己會被這種女人剝奪愛的機會嗎？

是的，美麗的女人是一種威脅。但是，如果愛情的吸引力只是因為外貌之美，那麼一旦變老、變醜了，愛不就宣告結束了？如果愛情是因此誕生，不過是美的奴隸。

愛，為何這樣膚淺？（但的確有

很多人就是「外貌協會」！）

若以美醜作為愛的價值，那麼請不要奢求與之白頭到老。因為愛能建立多深的根基，必須仰賴內心的養分而定。

魅力從來就不侷限於外貌，而是來自內心對人生的態度。有魅力的女人的內心具備了超乎常人的安定感，所以即使受到他人的關注，依舊表現出怡然自得的神態，不因外在環境而心生混亂；也因為她們對自己充滿了安全感，所以看起來總是格外優雅、從容不迫，不會擔憂可能會失去自己所擁有的事物、對於不屬於她的東西也不強求。

與其追求外在的完美，不如回歸到自我的核心，當你擁有一顆安然、坦然的心，也能帶給另一半更多的安全感，其它人的魅力與否對你也不再是一種威脅，而能用欣賞的眼光給予讚揚，此刻，你會發現，當心變美了，人也顯得容光煥發！這種發自內心深處的耀眼光芒，任何人都取代不了。

欣見小語

so i say a little prayer

我該如何從恐懼的情緒中解脫？

◎ 恐懼是自己生出來的，如果不消除心中的疑慮，會一再幻生擴大，傷及關係。恐懼與自己的思維有關，可以透過改變思考方式，轉換恐懼的心態。首先，讓自己盡量保持正面思考，這是最快擺脫恐懼的方法，其次，常常靜默、沉澱，貼近心靈，就能讓自己心生力量。

◎ 感情中如果遇到瓶頸或問題，不要悶在心裡。打開心門，吸引不同的聲音，用開闊的心態，從不同的角度看問題，思考解決之道，這樣才不會讓恐懼如霉菌般佔據心靈。

◎ 消弭恐懼的聲音，最具體的行動就是：非好事不想、非好話不聽、非好話不説……所有的恐懼都試圖擊垮你的信心，讓你充滿自我懷疑。恐懼生成有其原因，只要拿出勇氣，找出原因，面對問題，就能痛擊恐懼的小惡魔。

愛情無法靠一個人獨力完成。

友誼要像愛情一樣，才溫暖人心；
愛情要像友誼一樣，才牢不可破。
一個人活著是爲了朋友；
保持自己生命的完整，不受時間侵蝕，也是爲了朋友。
——約翰・穆勒（十九世紀古典主義思想家）

愛情，不能單憑一個人，當「供需關係」達到平衡，才能讓對方感受到「我需要你」的訊號。在愛中，保持適度地謙柔，會讓情人更願意伸出援手，也因付出的溫暖，讓關係更緊密。

柔不代表弱，
柔性力是一種韌性，
為愛情帶來生機。

感謝女性意識的抬頭，過去處於比較弱勢地位的女人，今日都能找到發揮的舞台，一展長才，但也因為心態的蛻變，有些女人為了在工作、生活中，展現出不讓鬚眉的氣勢，連帶也影響到兩性關係的發展。

其實女人柔性的本能、想被疼愛的心理依舊隱藏在看似堅強的外表下，有時候，適時地釋放軟性的力量，反而能讓你在生命各領域更如魚得水。

像Kitty的個性就是屬於矯枉過正的死硬派，有時候連我都受不了。與她爭辯，你會覺得自己碰到了一顆頑石。Kitty毫無彈性的作法，讓我覺得和她相處時很不舒服，如果連女性朋友都這樣認為了，更遑論她的男友了。

例如：上回我和Kitty約好一同去吃某家聞名的小籠包，到了才發現，那家店星期一休館，計畫泡湯了，讓我們很沮喪。

但是，心念一轉，我會認為美食這麼多，換家就好了，休館這件事實在不足以影響到和好友一起出門的好心情。反觀Kitty，她一整個下午都在擺臭臉，怪我不夠心細，如果換她安排，絕對不會出現這種紕漏……我突然感覺，我在她心中還比不上一籠小籠包。

這件事情讓我印象非常深刻，往後，和Kitty出門，我總是小心翼翼：事先把要去的地方確認一下，還要規畫行程，如果有時只想隨性些，就盡量避免與她一起出門。不過，如Kitty這般強硬的人，當然也有踢到鐵板的時候。

某天，Kitty主動來找我，因為她的男友覺得自己在這樣的情感關係中，似乎毫無地位，Kitty的強勢，好像凡事都只有她才做得好，讓男友心生反感，漸漸地，對她愈來愈冷淡，第一次遇到這種情況，她也不知該如何是好。

「Kitty，你應該也有需要別人的時候吧！」我看著她，那美麗而堅毅的臉龐，從不輕易顯露內心的變化。

因為從小到大，Kitty凡事都靠自己，在女孩堆中，她顯得格外獨立自主、卓越超凡。

「幾乎沒有，我覺得自己能做好大多數的事，又何必倚賴他人呢？」Kitty繼續堅持她的路線，不願意麻煩別人。

「總會遇到需要別人幫忙的時候吧！比如：搬重物、換燈泡、修馬桶……等等。」我試圖點醒她。

「這些事我也做得很好，一點都不難啊！」Kitty果真聽不進任何建言。

我又好氣又好笑地說：「小姐，有些事情，就算會做，也不一定要全盤通包，偶爾也給男士為你服務的機會吧！」

愛情，不能光靠一個人獨力完成，當彼此的「供需關係」達到平衡，對方才能接收到「我需要你！」的訊息。

在愛情中，女人可以適度保持謙柔的態度，這會讓男性更願意伸出援手，也因付出的溫暖，更能拉近彼此的距離。再說，凡事都要自己完成，等於剝奪了另一個人付出、被需要與成長的機會。

Kitty在兩性關係的處理上過於死板，她就像朵塑膠花，看來美麗、不會凋零，卻無法散發任何香氣。反觀一朵真正的花，會在清晨時散發花香，或許禁不住風吹雨打，花瓣掉落，但只要根扎地穩，來年春天還會綻放，這才是有生命力之美。

女性的本質原是柔美，表示我們可以選擇溫柔也可以堅強，柔中含韌。

所以不需處處偽裝，帶著盔甲。因為當你封閉自己的心，就容易落入僵化的情境，讓愛情成為一灘死水，最後只有惡臭生菌。

愛情不該變成臭水溝，應是生機勃勃的清渠小溪。當愛是活泉，可以照鑑彼此的心，反應需求，相互扶持，這才是戀愛的意義。

讓自己活得像個君王或是皇后，
感受快樂的氛圍，
這是利己，也是利他。

Poly常常很不快樂，我覺得她應該讓自己活的開心一點。而且當她做事時，如果你不讓她停下來，她就會像頭牛一直做，直到無可挑剔為止的地步，讓人心生疼惜！

但是，她的努力，似乎得不到先生和婆婆的認可。認識Poly的朋友，都眼睜睜地看著她，從一個小姐慢慢變成歐巴桑。

「不論你多麼熱愛家庭，都應該擁有一些自己的時間。」我心疼地勸。

就算是機器，也有進廠維修保養的休息時間。不只沒有專屬自己的時間，在家裡，Poly也沒有自己的空間，房間是屬於先生的，廚房是屬於婆婆的。沒有自己休憩的空間，她怎麼能好好坐下來，看看書，聽聽音樂？（好歹在陽台弄個花園給自己呀！）

所以我一直鼓勵poly在房間中至少要爭取到梳妝台，或是書桌。別忘了，大部分的菲傭都還有自己的房間呢，更何況是女主人！

當然，我這樣鼓勵Poly，可能會引發家庭大戰。我只能偶爾提醒Poly，適當地停下腳步休息一下，懂得享受情調的生活會讓身心、婚姻都更健康。

不管怎樣，在感情的利己與利他之間，每個人都必須取得一個微妙的平衡。愛不能毫無理由地堅持完美，求好心切只會讓自己心力交瘁，讓兩人漸行漸遠。

Poly聽完我的建議後，說出塵封已久的心底話，其實，因自己未能生育一兒半女，她對夫家充滿了愧疚，或許是為了彌補，她只好做牛做馬，也甘於讓自己停留在最卑微的角色。

這樣的她，生活的寂寞可想而知。我不知道要怎樣解決Poly的心理問題，但是我知道，她應該充滿自信，因為，每個人都擁有快樂的權利，懂得為自己爭取，才能過著滿足、喜樂、無慮的日子。

試著讓自己活得像個君王或皇后般快樂，並不意味著，要去和現有狀況鬥爭或撒手不管。而是在心境中，讓自己站在最高點，才能「一覽無遺」，並且「心曠神怡」，當你可以清清楚楚地看到：高山、低谷、晴天、雨天……世間景象盡收眼底，你便能感受世間存有的豐盛滿盈與遺憾殘缺，世間如此，我們又何需鑽牛角尖，只看自己的缺點。

我期望Poly打開心胸，如君王或皇后般快樂，唯有如此，她才能跳脫悲悽的生活，與另外一半建立新的關係，在提升自己的同時，也改變別人對她的態度。

內心柔軟的人深知待人之道，
當他保持柔軟的身段，
愛的力量也將長相左右。

Emma應該是我見過最富愛心、心腸最軟的女性朋友了。她身上始終散發柔柔地優雅，接近她時，你就會親身感受到她那親切和藹的人生哲學。

有很多女孩喜歡像《紅樓夢》裡的鳳姐兒，手握富貴榮錦大權。如果以十二金釵作為比喻，Emma可能比較像寶釵，「安分隨時，自云守拙」。她的柔美發自真心，不

～與自己對話～

Q：為什麼我凡事都要親力親為，才能安心？

A：有些人上過當、吃過虧、或是從小環境差必須自立更生……很多因素都讓我們不輕易相信別人，寧願凡事親力親為，才感到安心。又或者有些人力求完美、標準太高，認為別人都達不到自己期許，只能親力親為。這些，都不是兩性關係應該存在的相處模式。放手讓對方去做，就算稍有差池，也讓對方獨自承擔，這才是讓對方成長的正確方法。

矯揉造作，不只是懂事善良的好姑娘，還喜歡幫助人，這種女孩，讓人不喜歡都難。

Emma待人柔軟的身段，正好印證了我的理論：當一個人懂得善用溫柔的力量，就會讓別人感受如沐春風，好的人際關係也會讓人生中充滿了愛的能量，快樂滿盈。

這個世界上很多人愛計較，對人不留情面，凡事鞏固自己的利益為先，完全不考慮別人的死活。

這種人看似富有，其實內心極其匱乏，為了得到自己想要的東西，斤斤算計，失算之時，就容易大抓狂，不堪一擊。看看周遭錙銖必較的人之中，絕大多數的人都不快樂，身心也不可能會健康。如果，這時身旁出現了一位溫柔體貼的朋友，就有如一股清泉流過，帶來幸福的喜悅。

其實承認自己的脆弱一點也不可恥，因為人心本是脆弱的。就像瓷器，在製作的過程中即使歷經千度高溫淬鍊，但是製成之後，仍然不堪一擊。

我之所以極力主張「學習柔軟」，也是因為了悟這個道理。女人不需好鬥強硬，不必冷酷絕情。女性只要像一條河川，溫柔地撫平河流潛藏的石礫巨礁，所經之處可以解除乾旱，就能為周遭的花草帶來生命。

在婚姻和愛情中，我們都是脆弱的個體。所以，處理感情，請不要剛強頑冥，也不要做巨石砥柱，愛是共同分享、一同分擔、一同經歷、一同累積，需要彼此扶持與照護，如此才能砌出一座符合兩人理想的城堡，而不光是一座符合個人期望的孤獨高塔。

內心柔軟的人也懂得體貼他人的心，懂得替別人著想。所以，當他保持柔軟的身段，愛的力量也將常相左右。

溫柔的女人足以撫平許多人的心靈坑洞，以謙卑柔和的態度去經營兩性關係，相信會讓愛情更加成熟、圓融！

so i say a little prayer

欣見小語

我該如何放下要求完美的情緒？

◎ 真心地喜歡自己吧！完美要求者看似不滿意別人所做的一切，其實是打從心底不滿意自己。常常自我檢視：我現在是在挑戰高標，還是在吹毛求疵？是在不爽自己，還是在挑剔他人？學習包容自己和他人的缺點，當你接納自己的同時，也學會接納他人。

◎ 只有脆弱柔軟的心靈，才能讓我們反省，並且，回到那個最初、最原始的純真。回到原始的純真，便不再「自我懷疑」，不多猜疑，就容易學會信任。有些事情放手交給另一半去處理吧！就算對方做得不盡人意，用寬恕自己的心去寬恕他人吧！

◎ 注意細節、要求規矩、缺乏彈性……這些高標準，容易讓人信心低落。EQ大師 Richard Carlson 博士說：「千萬別為小事抓狂，與不完美和解，真正的完美才有可能發生。」

True to Your Love

為自己付出，而非為別人付出。

那種從早到晚，整天廝守的幸福，我受不了。
我可以當一個非常好的丈夫，
只要給我一個像月亮一般的妻子，
它不用每天都出現在天空中。

——契訶夫（俄國大文豪）

在愛中，許多女人原本認為自己是「無條件的付出」，其實心中是帶著「有條件的期待」。你應該為自己的快樂而付出，而不是把收穫放在對他人的期待上。

所有的痛苦，
都只是人生的過程。
回頭一瞥，
只有「感恩」永存心裡。

當生命陷落時，很容易會停留在低潮的情緒，失去對外在世界的關注，也失去客觀的思考力。面臨絕境，只要少一點怨天尤人、多一點感恩的心，待時間流轉、事過境遷，你會發現，這一切都是成長的契機。

Rose失戀後就把自己關在房裡，將頭埋在枕頭裡放聲大哭。我畢竟是看著她成大的小姐姐，所以Rose媽媽著急地打電話給我，希望我能幫幫忙、了解一下情況。

為了不讓她媽媽繼續擔心下去，我也顧不得午餐沒吃，披著一件外套就匆匆上路。中午時分，前往Rose家的路上十分安靜，我的腦海不斷盤旋她小時候的笑容，在我心裡，她還只是個十來歲的花樣青春少女。

時光飛逝，我看著Rose歷經國小、國中，現在都已經上高中了。在我印象中，她一直是位美麗、自信、開朗的女孩，我不曾想過她會遇到感情上的問題。

到了她們家門口，車還未停妥，Rose媽媽就衝下來，急切地跟我報告她女兒的狀況。

「叫她也不應，從門口就聽得到她的哭聲，讓我擔心死了！」她媽媽心急如焚地告訴我。

看到她臉上急切的淚水，我遞上一包面紙，母女倆總是心連心，如果其中一個人失意，另一個人的情緒也會被嚴重影響。我冷靜地問：「之前有什麼徵兆嗎？她有沒有提過什麼？」

我先安慰著母親，請她出去走走散散心。接著在Rose的房門口，我輕喊：「Rose，小姊姊來了。」

Rose一聽到我的聲音就打開房門，滿臉哀戚，淚水汩汩而落。

「怎麼了？誰欺負你？」我試探地問。

一感受到別人的關心Rose哭得無法自抑，語帶哽咽地說：「我……我好想現在就消失在這個世界上……」傻孩子說傻話，我安靜地陪著她，讓她一直哭，直到她累到睡著了。

她再醒來時，我已經離開她家，這段時間中，我沒有問她：「發生了什麼事？」我只是留了張字條，放在Rose床邊：

親愛的小Rose：

當你醒來，小姊姊可能已經離開了。

醒來的時候，如果還想哭，就盡情地哭。

眼淚是光，是鹽，可以洗淨憂傷，淨化心靈。

也許你經歷的事情很痛苦，沒人能體會，但你知道：

當你痛苦的時候，我們也跟著一起心痛。
我希望你了解，我們會永遠陪在你身邊。

有時候我們覺得無助，內心脆弱，不知如何是好，
別擔心，只要傾聽內心的聲音，就會有一條光明的引導路徑。
請感謝痛苦的降臨，因為，唯有如此，我們才能勇敢地去找尋答案。
事情的對錯其實一點也不重要，重要的是，我們從中學會感恩的力量。

感恩不喜歡我們的人，這些人讓我們的缺點放大，讓我們不得不去正視；
感恩傷害我們的人，這些人讓我們知道，那些與我們同在的人多麼值得珍惜。
所有的痛苦，都只是人生的過程，
只要懷著感謝的心，一切就有希望。
我相信你會懂。

小姊姊　欣兒

隔天一早，Rose媽媽又打電話跟我報訊：「Rose現在看起來平靜多了，昨天真是嚇死我了，我頭一回看到她這樣傷心。」

深究之下才知道，Rose被男友劈腿了，而且，第三者還是自己的好朋友。不只如此，這段三角戀還拉鋸了一段時間，直到Rose被判三振出局。

從正牌女友、一味隱忍、到出局，這場戀愛讓Rose的心痛到不行。

在愛情中，許多女人原本認為自己是「無條件的付出」，其實心中是帶著「有條件的期待」。你應該為自己的快樂而付出，而不是把收穫放在對他人的期待上。如果能抱著這樣的信念，快樂與否的決定權才屬於自己，而不會把責任推給對方。

我相信有好長的一段時間，Rose可能會走不出陰霾，甚至會自我否定。我唯一能做的事，就是讓她趕緊恢復信心，重新接納自己。

因為拒絕自己只會讓一切的希望都破滅。先不管誰錯誰對，先拋開一切社會的制約與價值觀，我請Rose先聽聽自己的聲音：

我在這段關係中快樂嗎？

我如何才能安心自在？

我希望自己有怎樣的未來？

去提問、去思考、去解答……唯有傾聽了內在的靈魂，所有外界的教條、焦慮、緊張、不安、恐懼……才會化成無形。

只要接納自己，生命就會為你綻放！它會自己找到出口，以我們想要的方式，想要的結果，完完全全地呈現在我們的眼前，生命會為我們掙脫困難，只要我們願意傾聽，願意心存感謝。

接受自己就是敬重自己的價值，
等於找回了最初的純真，
於是，奇蹟就會降臨在我們身上……

數月過後，Rose寫信告訴我，她已經重新振作起來，壞的情緒已遠離，現在的她，非常快樂且自在的活著。我很開心，誰都不知道未來還會出現什麼事，但僅僅是現在、當下的快樂，也就十分值得珍惜了。

畢竟在感情中，我們從來不曾真的失去什麼。

因為兩性關係是由兩個單獨個體，匯聚成一個圓，這當中，沒有誰失去誰，卻能把彼此的人生變得更圓滿。

很多人認為：愛情是「將咱兩個，一起打破，你泥中有我，我泥中有你」。

我想，感情中難免互相影響，因為任何生命體都有波動與磁場，兩人相遇，等於連結兩個生命體的波動與磁場，所以沒有誰失去什麼的問題，反而是藉由對方，增強自

～與自己對話～

Q：我可以從感情的付出中體驗快樂嗎？

A：愛情的國度裡，有些人坐上了直達噴射機，有些人坐上緩緩前行的獨木舟，但只要心存希望，目標並非遙不可及。當緣分來臨時，你能好好的把握嗎？當緣分來臨時，能不能抓住只是個開端，能不能經營下去才是重點。你可以從愛情中的付出感受到喜悅嗎？你知道怎麼樣經營感情，讓兩人都更快樂嗎？真心是無價的，感情是珍貴的，問問自己：你準備好面對愛情了嗎？

己的力量。如果真的覺得自己在愛情中失去了原有的東西，那都是因為，你自己先選擇自動放棄。

可能為了另一半，你放棄了出國工作的好機會，可能為了孩子，你放棄了繼續深造學業……感情當中的放棄不是犧牲，是一種成全，是一種偉大、願意付出的愛。很多女人卻太過極端，以為愛情中的付出，就是全然的犧牲，沒有自己。

沒有自己，失去自己，絕對不是愛情的本意。兩個個體交融，力量應該是擴大的，而不是彼此吞蝕。唯有找到自己，才能鞏固情感，也才能找到彼此生命的意義，活出感情的精采。

當你了解自己，接納自己，就是敬重自己的價值，才能認真經營感情。

一個懂得珍惜自己生命價值的人一定是幸福的，因為他不會將哀怨、憤怒、抱怨、嫉妒……等負面情緒累積在心中，反而只會更加地愛自己，也會鼓勵對方，讓彼此不斷地產生更多正面的能量。

唯有接納自己、傾聽自己，才能感受到生命誕生時的純真。當你回歸最原始的靈魂，內心會不可抑制地滴下感恩的淚水，因為你終於了解到：生命本身就是一個奇蹟！

當你看見生命的奇蹟，你會柔軟、謙卑，不忍傷害任何一個生命。

這份感恩，會讓我們同體大悲，感恩一花、一草、一樹、一木。草木如此，何況是人？於是，我不會傷害你，你也不會傷害我，我們是宇宙生命中的一環，你不再是你，我也不再是我，因為你是我、我是你，你我無分別。你和我只是當下的交會，這份交會沒有結束也沒有終止，始終存在著連結，這就是永恆的愛。

欣兒小語

so i say a little prayer

該怎麼享受付出，當不想做這些事時，該如何溝通？

◎ 愛情中的挫敗讓人心灰意冷，每一個挫敗，都顯示出一個問題，這些問題的解決也不必急於一時。先倒退一步，回頭看自己：是不是自己逾越了本分？或是沒有達到什麼標準？是付出太多了？還是努力太少了？找出問題根源，真誠溝通，只要意圖是正確的，溝通結果也絕對會有所幫助。

◎ 當你對另一半提出要求，而對方不應不睬時，請回頭檢視自己的意圖。如果你的愛是有意圖的，但願這個意圖是良善的。因為有負面意圖的愛容易出差錯，除非是「正向」與「付出」的，不然到頭來都是白費力氣，浪費人生。「正向」與「付出」的出發點，是溝通時最有利證據，讓你在愛情中無往不利。

◎ 永遠相信這一點：愛，只生溫暖力量，愛裡沒有輸家，只有贏家。愛情當中沒有什麼是值得恐懼的，可以享受付出，也可以享受不被付出，因為愛是自由自在的。

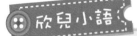

True to Your Love

心中有愛，才能把愛傳出去。

精明的人是考慮自己利益的人；
智慧的人是考慮他人利益的人。
愛就是道德最大的秘密，
或者說，就是逾越我們自己的本性，
而溶於旁人的思想、行爲或人格中存在的美。

——雪萊（英國浪漫主義詩人）

愛，只有傾聽對方的需求後，才有開始的可能。別忽略了他背後親友團對感情的影響力，當你培養愛屋及烏的樂趣，會發現關係比過去更寬廣、更堅定。

當你心中有愛的時候，就會有最好的表現。

去年，Carol的老公領了一大筆年終，她知道後樂不可支，她以為：老公應該會分些紅利給她。結果希望落空了，這筆錢全數給了婆婆。

因為這件事，Carol抱怨了一個月。老公也因為她的抱怨而感到不快樂。事實上，Carol的婆婆急需這筆週轉金，因為她買股票虧了一大筆錢，只是她無法向媳婦開口，怕她知道後心生不滿，讓這個家掀起無端的波瀾。

Caorl的老公也認為太太拿了錢還是去Shopping，不如拿給母親救急。他向我吐苦水：「我母親和Carol之間，很多事談不得，尤其是牽涉到錢的事。有時候我對她感到很失望，因為我無法接受她對我母親這種態度……」

婆媳之間的問題，在Carol的婚姻上，埋下了地雷，在每次互動中隱藏著爆炸的危險。

那天Carol因故和婆婆大吵一架，而老公又選擇站在母親那邊。

Carol哭著對我說：「他竟然連老婆都不要了，我幫他生孩子，打點家裡，協助事業，他竟然這樣對我……」

Carol認為她和婆婆的心結，也不是一天二天結下的，所以無法真心對婆婆好。別人家的糾紛我也不方便說什麼，畢竟清官難斷家務事，我安慰她，試著讓她以同理心體諒丈夫的立場，並傾聽丈夫的心聲，了解他對原生家庭的責任。

愛，只有傾聽對方的需求後，才有開始的可能。

愛屋及烏，是一種可以培養的樂趣。就像閱讀一本書，我們會先被其中一段文字吸引，然後繼續讀下去，從中不斷發掘新觀點與樂趣。不論是情人的家人、朋友、長輩……不管你喜不喜歡，只要打開心胸，都可以發現每個人背後不同的人生故事與生活態度，並從這些人的言談中了解情人心中的各個面向，當你越了解他，就愈知道該如何幫助他、和他相處，所以不用將他身邊的親友都看作敵人，學著和他們做朋友，你會逐漸發現對自己、對關係都獲益良多。

為什麼面對外人，我們可以因為與難纏的對手談成一筆生意，而有機會成為盟友，卻與情人心中占有一席之地的親人格格不入？

愛，是學習重新面對周遭身邊的每一個人，試著從每天與他們互動的時刻感受樂趣。當你心中有愛的時候，就一定能表現地超乎預期。

Carol如果不願意與先生分離，那麼，她就必須放下過往，以前所未有的心境迎接未來，讓這份愛散發更大的影響力。

無論過去與婆婆的相處模式如何？無論兩人有多少齟齬與衝突？只要她願意發自內心地對待婆婆，如同自己的母親一般，人非草木，孰能無情，更何況是最親密的家人？

當她這麼做的時候，婆婆會感受的到，先生不用在兩人之間做夾心餅乾，面對家庭生活也會因此更輕鬆快樂。

試著活在深刻的愛裡，不要留於表面的計較中，愛自然會綻放慈悲與關懷，照亮人生的黑暗。

這是你僅有的一生，
活得快樂，
讓人生了無遺憾。

前。

Kitty因為罹患癌症已進行化療一段時間，所以整個生活型態也有所轉變、大不如前。

其實Kitty的病也是心理因素所引起的。自從知道先生外遇，她的健康就急轉直下。無奈感情的事外人實在難以插手，但我知道，Kitty必須利用心靈的力量，先消除內心的傷心、痛苦，才能遏止身體狀況繼續惡化。

每次去探望她時，我總是避免觸及感情的事，往往全神貫注地為她唱詩歌，或專注在閱讀上，這些都是遠離痛苦的最佳方法。當我用這種方式逐漸影響她，她的心似乎也一點一點癒合。我也貼了一些鼓勵的話在她的病床前，例如：

「學會做自己的主人，找到自己快樂的方法和目標，不輕易受外界影響。」

「不管外界發生什麼事，只要改變思維，就可以使自己快樂。」

「利用意念，把無助的境況，化為反敗為勝。」

多年後，Kitty和我提及那段生病的日子，我們相視而笑！我好高興沒有失去這樣一位朋友。如今，Kitty與前夫、前夫現任的妻子（當年的第三者），竟然可以一起用餐，開懷大笑。

「你怎麼辦到的？」我問她。

「當你曾經一度失去生命，你會看開很多事情。與其選擇對立，不如以同理心去感受對方的需求，選擇成為朋友，這樣的關係更真實長久。」

經歷這場病痛，Kitty已將兩人之間的愛擴己及人，產生一個更大的愛的循環。

Kitty談到有次我去探病時，曾經送過她一本書，那是美國知名醫生Bernie Siegel所寫的《愛，藥物與奇蹟》（Love, Medicine, and Miracles）。

書中提到：「若我告訴病患要設法提升血液免疫力，去殺死壞細胞，沒有人會知

～與自己對話～

Q：面對情人的親友，我會出現負面的情緒嗎？

A：許多人不喜歡面對情人的親友，甚或家人，這往往呈現了自己害怕被排斥的逃避心理。很多女性即使結婚了，也仍然認為只有原生家庭是自己的家，面對另一半的家人，容易出現負面情緒。問問自己：為什麼不喜歡他們？為什麼想鬧情緒？試著從家庭背景、生長環境、生活習慣、價值觀去探討，拋開成見，換個角度去了解、體諒、接納與包容，或許，你會發現，他們有很多地方值得自己學習與效法。

道該怎麼做，但我可以告訴他們，要更加地愛自己和別人，最後達到的效果也是一樣的，因為事實上：愛可以治病。」這一段話讓她頓時覺悟。

「當我選擇放下那一刻，周圍一切的事物突然都變得好清晰。」Kitty有感而發。

愛，能撫平心靈的破碎與殘缺。無私的愛，是健康的靈藥。愛會分泌一種化學元素，讓人長壽，增加免疫力和抵抗力，降低血壓，遠離沮喪。

「我不能不愛自己，撿回生命對我來說，和他尋找到生命伴侶同等重要。活在痛苦中，其實是一種對生命的批判，暗喻自己或他做錯了什麼……當我放過他，也放過了自己。走出病房那一天，我終於明白。」當Kitty這麼說時，我忍不住紅了眼眶。

我知道，她曾經用生命去愛，曾企圖放棄自己，終究，她是愛他的，甚至不願意讓他背負罪惡感。

最終，她扭轉了整個局面，將原本破碎的三顆心，化作愛的凝聚力。

或許Kitty在情感上有些缺憾，但，卻是受上天眷顧的，她的愛解救了曾經痛苦的三個人，現在的她，雖然單身，卻活得亮麗耀眼。

欣兒小語

so i say a little prayer

我該怎麼學會與情人的親友相處，卻又不失去自我？

◎ 與自己最親近的家人都會有小摩擦了，何況與情人的家人。只有不計較好壞，改掉出言不遜的毛病，溫和待人，樂於助人，這樣才能營造快樂的相處氣氛。

◎ 尊重，是和樂的關鍵。和家人相處，應該學著放寬心胸，避免主觀，不會因為別人不同的處事方法、生活態度而生氣。

◎ 打開你的心，否則快樂永遠不得其門而入。與親人相處，最忌諱挖苦和譏諷，試著幽默風趣，製造歡笑，時時為他人著想，別人也會替你著想。

◎ 發自內心地把情人的親友，當成自己人，就不會產生分別心，而會用同樣真誠、溫暖的態度，去經營情誼，讓你們的戀愛更緊密。別忘了，戀愛可能是一時的，朋友卻可以是一輩子的，最後獲益的還是你。

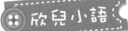

True to your love

Chapter 4

為什麼愛情總是無法走到最後？

不堅持完美，才能延長愛的保存期限

擺脫流於表面的心計，
試著沉浸在深刻的愛裡，
愛自然會綻放溫暖之光，
照亮性格與命運的黑暗角力。

Evolution!

True to Your Love

一旦變心，此情只待追憶。

愛情是不按邏輯發展的，
所以必須時時注意它的變化。
愛情更不是永恆的，
所以必須不斷地追求。

——柏楊（思想家、人權作家）

我們對愛的渴望會為自己創造一個戀愛的環境。有清楚的意象，對的伴侶才能如期出現。當對方出現後，更重要的是，不要讓對方因為你的態度，而有任何釋出負面個性的機會。

有一種愛你需要知道，
因為這份愛，
既篤定又自由……

電影《鐵達尼號》（Titanic）我前後看了無數遍，不是因為這部片是聞名全球的大導演詹姆斯．柯麥隆（James Cameron）所拍攝的緣故，也不是因為這部電影抱走了第七十屆奧斯卡的十一項大獎，其中還包括最重要的「最佳影片」獎項，且全世界票房收入高達十八億美元，更保持電影票房收入排行第一的紀錄（直到這項紀錄又被柯麥隆自己執導的新片《阿凡達》給打破），並非因為這些外在的榮耀，我才對這部電影如此愛不釋手。

我喜歡這部片的原因很簡單：故事中的女主角Rose（凱特．溫斯蕾所飾演）與Jack（李奧納多．狄卡皮歐所飾演）之間真誠的愛情故事打動了我，即使在一起的時間非常短暫，卻因此豐富了Rose的心靈與接下來的一生。這雖然是一個虛構的故事，愛情的震撼卻讓人難以忘懷。

有一種愛，無法言說，真實地趨近於自我，既篤定又自由。

你們明明了解彼此的缺點，卻深深明白，就算自己不夠好，對方還是會始終如一以誠相待。這就是世間難得的真愛。

就像Nana曾經對我說過：「伴侶就是你看透他之後，卻仍然愛他如初。」

我曾經跟Nana一起出遊，到台東知本溫泉二日遊。那是她人生中最落寞的時刻。當時，她與認識八年的男友分手，工作也停了下來，她覺得精神上再也無法承擔這樣的重創，所以把工作室收了起來。

那天，她跟我說想去泡溫泉，而且行李都已經準備好了，二話不說，我也丟下正在忙的事情，跟客戶告假，跟著她坐飛機到台東旅遊。

那二天是我們最快樂的時光。白天，用過早餐，不是去森林遊樂區散步吸取芬多精，就是租借腳踏車在田間迎風追逐。我也因此有機會聽到Nana的感情故事。

Nana的愛情賠上的不只是青春，還有許多無法衡量的付出與犧牲，雖然我一向倡舉愛情應該只求付出不求回報，但Nana的愛情已經從「一味忍讓」、「喪失原則」、變成「沒有人格」。

「你怎麼可以這樣毫不在乎，讓自己在愛情中軟弱可欺？」我對Nana這樣靈秀聰慧的女孩，在愛情中所受到的傷害有著諸多的不捨。

但是Nana淡淡地說：「他是我的地獄，也是我的天堂。他其實不太了解自己在做什麼，I know him very well……」

原來Nana只是找我傾訴，並不希望我為她抱不平。「I know him very well.」我想就是這句話，緊牽著Nana和對方。

幾年後，和Nana碰面，她仍單身一人。而她始終相信、以誠相待的那位伴侶，依舊幼稚，做出了很多匪夷所思的荒誕行徑。

但是世事難料，過了幾年，沒想到，那個幼稚的浪子居然回頭了。而且，對Nana的態度一百八十度大轉變，「好到無以復加」。

是因為Nana多了一份耐心，多了一份等待，多了一份寬容……讓那個幼稚伴侶終於醒悟？還是我不捨Nana，太看輕這個男人了。果然，Nana是對的，她深知他最後會回到她身邊。

有一種愛需要知道，這份愛既篤定又自由，深信不疑，並且只欣賞對方原來的優點，而不會把改變的期望放在對方身上，如同Nana給予她的情人；如同「鐵達尼號」中的Jack給予Rose的。一句「I know you very well」，愛得既堅定又自信，即便當中出現些許謬誤，層層阻礙下，也絕對不足以讓「我愛你」的信心動搖。

若哪一天遇上了這樣的情感，請千萬不要放手。

有一種愛你需要知道，
因為這份愛，
出發點就已完全失敗……

我認為想獲得純粹的愛，必須要用身心靈專注地去感受。

「感受什麼？」粗線條的**Jan**問我。

「感受愛的初衷。」我明確地回答。

老實說，我覺得**Jan**真是個粗心大意的女孩。她的愛情可以用「詭異離奇」四個字來形容，當我聽完她的三段愛情故事，忍不住嘆氣搖頭。

Jan的三段感情幾乎都是用金錢換來的：第一段感情她因為對方沒錢還信用卡貸款，她花了八十萬幫對方全額繳清；第二段感情因為對方和她一起購屋，她付了頭期款六十萬，分手後，不僅承擔了所有房貸，還花不少律師費打官司，把登記在兩人名下的房子搶回來；第三段感情因為對方開她的車衝撞橋墩，為了整修車子又花了三十幾萬。

Jan問我，為什麼愛情要用金錢來換？

「這個世界上只有你自己，才是那個主導別人如何對待你的人。」我說。

細看**Jan**的每段感情，在萌芽之初，為了讓對方覺得和她交往沒負擔，**Jan**都會先讓對方看到自己的財庫。第一段感情是她去銀行開戶，對方是為她開戶的行員，知道她的經濟實力雄厚。第二段是房屋仲介，第三段則在駕訓班認識。也難怪今天事情會變成這樣。

Jan的感情可以說完全「不慎選」，遇到外表還不錯的人選，如果對方跟她眨眼，她就會陷下去。而且，她會毫不遲疑地讓對方知道，她的財力背景。

愛情的出發點和態度會讓結果千差萬別：

如果用外貌去吸引對方，得到的就可能是害怕容華老去。

如果用金錢去吸引對方，得到的就可能是金錢上的損失。

如果用內涵去吸引對方，得到的就可能是心靈上的豐富。

在愛情中，女人必須抓準方向盤，千萬不可輕易放手。問問自己：你一生想得到的是什麼？當你知道目的地，就必須學習去掌舵，朝著目標前進，才能得到自己想要的！

如果希望常保青春美麗，就要勤於保養、運動塑型；如果希望金錢無虞，就要善於理財、控制開支；如果希望涵養深厚，就必須不斷吸收新知、提升心靈的層次。

「可不可以美貌、金錢、內涵都有？」Jan問我。

「當然可以，但是你要知道比例輕重，而且，必須抓準方向，不然狀況還是一樣糟……」我肯定地回答。

有些人就是什麼都想要，但是到頭來都沒得到。這是因為在各種渴望、誘惑、情愛當中迷失方向，也失去原本追求的意義。

在感情的世界也是如此。你對愛的渴望會為自己創造一個戀愛的情境，當你有清楚的渴望，對的伴侶才能如期出現。

當理想的伴侶出現之後，更重要的是，不要讓對方因為你的態度，而有機會釋出負面的個性，如果不懂得正確地相愛，那麼即使遇到了夢中情人，最後還是會演出荒腔走板的劇情，錯失了緣份的降臨。

雖然了解自己比了解別人更困難，喜歡自己比喜歡別人更不容易。但是，唯有真正的認識自己，認識自己想要的人生，才能真正獲得自己想要的生活！

有一種愛你可以知道也可以不知道，
因為這份愛，
可有可無……

「愛上他，不知道是什麼原因……他走了之後，因為想念他身上的香味。我甚至去買他使用的那瓶香水，每天聞聞那個味道，就像感受他存在的氣息……」Carrie前不久搬離了與男友共築的愛巢。

這讓我我想起辛曉琪唱的的那首《味道》的歌詞：「想念你的笑，想念你的外套，想念你白色襪子，和你身上的味道。我想念你的吻，和手指淡淡煙草味道，記憶中曾被愛的味道……」也感受到Carrie分手後的寂寞心情。

後來，Carrie更深陷憂鬱的迷霧中。「Carrie，小心點，當你負面思考的時候，壞

～與自己對話～

Q：我們的愛情為何會改變？

A：愛是流動的，隨時隨地都在變化。如果愛改變了，試著去理解改變的原因。只有設身處地去體會別人的感受，善解人意，才能真正善待自己。當改變發生了，試著回到內心，這樣有助於看清周遭發生的一切，也可以敏銳地感覺到事情的流變。萬一改變的方向已經無法挽回，且離自己想要得愈來愈遠，請感謝曾經愛你或你愛的人，感謝這些經歷，它讓我們知道「愛」存在的意義。

運就會來落井下石，趁隙而入欺負你喔！」我想用這樣的方式讓她提振士氣。

但是並沒有用，才沒多久，Carrie的谷底很快就出現了。一個人失意的時候最容易失態，Carrie失去生活重心（男友），常跑夜店喝酒（交新男友），弄得自己醜態百出（喝醉了），有一回差點鬧上社會新聞版：她醉著用腳踢計程車司機的頭，被司機送進警局。半夜醉茫茫地打手機給我，我忙了一整晚，到我家她睡得安心，我卻睡不著了。

我想了很多幫忙Carrie的方法，但是都沒有效。最後，我決定在她頭腦清醒的時候，對她來個當頭棒喝：「愛情只是你逃避自己的藉口，不要再裝迷糊了，你不敢面對自己的人生，只想將自己的夢想寄託在男友身上，你把快樂交給他，讓他任意指揮你的喜怒哀樂，一旦你失去這根指揮棒，就失去了自己……這些，都是你自找的，誰叫你把自己的幸福和快樂，交給別人。」

Carrie聽完我的指控，轉身奪門而出，臨走前哭著對我大罵：「你很殘忍！」

我看著她，內心也很心痛，其實，我想跟Carrie說的是：「別因對方的改變、變心而怪罪自己，使自己脫離原來生活的常軌，讓原本完好的人生變了形。」

就我所知，Carrie的男友，從來就不關心她的存在，只當她是一個寵物，玩玩即丟。這樣的人，不值得她死心塌地。

有一種愛，可有可無，捉摸不定。這種愛，你也許可以為自己真心的付出而感到些許難過，對愛情的不圓滿感到些許遺憾，卻無需因對方的離開而懊悔自殘。

畢竟，面對飄忽游移的愛，我們只能笑看，任憑情緒潮起潮落，然後，守住自己的那顆想愛的心，等待對的人出現。

欣兒小語

so i say a little prayer

我該怎麼面對愛情世界中突如其來的變動？

◎ 愛的變動幅度，與相愛的態度有關。愛是一種無聲的力量，高低起伏變動太大的感情，可能是情欲不是愛。學習提升愛的品質，面對突然的變動，就能泰然處之。

◎ 變動的愛依著人性起起伏伏，充滿著不得不的無奈。其實一切，終究只是自己的欲望未獲滿足而已。找出原因，就能找出解決的方法。

◎ 有一種愛可以走過生活中的艱難困苦，卻無法同享安樂；有一種愛只能一起領略生活中的享樂，卻無法共嚐困苦。影響愛的變動因素千千萬萬，最終我們會發現，一切皆由心生。讓心如明鏡，萬事自然澄澈，一切便可安然。

◎ 請思考感情的不變真理：該屬於你的，別人搶不走；不屬於你的，強求也沒用。與其和不適合的人走一輩子，不如放開手，才有空間擁抱對的人。

True to Your Love

愛是生命中唯一值得你冒的險。

懼怕愛情，
就是懼怕生活；
懼怕生活的人，
等於是半具僵屍。

——羅素（英國數學家、邏輯學家）

愛能不能走到最後，我們不知道，我們只能確信一件事：愛會讓人成長，若連愛都恐懼的人，愛也將遠離。

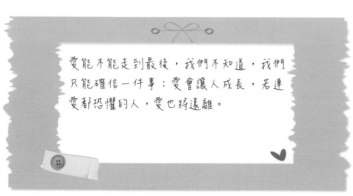

當個做球的邱比特，
不擋愛情的路，
終究會慶幸一切的發生。

Lily的感情世界中出現了小三，當她知道這件事，當下簡直不想活了。但是，她只冷靜了「三分鐘」，就打電話告訴我她的決定。

「欣兒，我和男友之間出現小三，我考慮了三分鐘後，決定退出。」Lily很斬釘截鐵地告訴我。

我被這突如其來的電話嚇了一跳：「Are you sure？你放的下嗎？」她做決定只花了三分鐘？才三分鐘，到底她愛不愛他呀！連我都懷疑了：Lily不是想藉此順道把男方甩掉吧！

時間果然可以驗證一切，二個月後，我見到面容憔悴的Lily。

「幹嘛把自己搞成這樣？不是說放下了？」我帶她去吃好料，她吃得慢吞吞地，香味四溢的美食當前，害我也被她搞得沒胃口。

「難道談戀愛前，得先貼張告示：危險旅程，無薪無酬，傷心傷身，難保全身而退？」我試圖緩和氣氛。

Lily聽我這麼一說笑出聲：「至少他沒有騙我……」

Lily的結局雖然是分手，但男方至少在她面前坦誠了真正的心聲（他愛上別人了）。Lily也明白愛的道理，放下的灑脫、坦然。

幾個月後，事情又發生轉變。Lily的男友回過頭來追求她了。

「怎麼會這樣？」

「他說對方總是一味地曲意奉承、極力討好，不適合他。」Lily回答。

「那你的決定呢？」

「你不要看他好像是個雄壯的男子漢，他有個軟弱、缺乏自信的內在，很容易受女人誘惑。讓他出去透透氣也好，我知道他會回來的……」聽Lily這麼說，我下巴都快掉下來了。復合這件事只讓她想了「三秒鐘」，比分手的三分鐘還短。

當愛情發生轉變時，她選擇獨自承載所有的難過，做個不擋路的邱比特。當愛情回過頭時，她選擇盡棄前嫌，真心接納對方。

真愛的全貌，常常讓人歡喜讓人憂。因為愛，實在不是個人秀，而是需要兩個人共同演出。

愛情猶如一場華麗的冒險，在冒險當中，你不但不能失去自我，還要保持睿智與洞見。愛情尤其忌諱隱藏自己（許多人只讓對方看到自己最好的一面），殊不知，上了濃妝的假面，終有卸妝的一天！在愛情中，只有做真實的自己，才會受到對方的尊重，並且，讓關係得以長久。

愛不需要計較，
當利益結構最深的時候，
往往是展現真愛的最佳機會。

Michelle認為現代人愈來愈會分析利害結構關係，愈來愈不願意單純地去愛了。還有人說：「人生無處不交易！」

愛情，難道也是一種交易嗎？

Michelle曾經談過一段很浪漫的愛情，結局卻讓她很受傷。回憶起那段戀情中的自己，就像電影《羅丹的情人》中的卡蜜兒一般被摧毀了！

歷經那段感情後隔沒多久，Michelle就結婚了，她忽然變得很務實，學會了把對方家境、收入作為愛情考量的因素，婚後也按照婚姻專家的意見來經營兩性關係。儘管如此，她的婚姻還是亮起了紅燈。

為什麼會這樣呢？離婚後的Michelle對命運的捉弄顯得不知所措。

聽了她的故事之後，我也不知道該說什麼。因為離婚前，Michelle的婚姻就處於一種長久的平淡，這種情感關係，讓她有一種愈來愈找不到自己的感覺，真實的她仍嚮往激情，更懷念過往曾為愛義無反顧燃燒的自己。

過去，Michelle一直是靠本能而活，她會義無反顧地愛上一個人，很敢為愛冒險。年輕時，就是因為衝動去愛，為自己帶來深深的傷害，所以才轉而走進這場枯燥平淡的婚姻。

冒險去愛，是一個敢於面對真實自我的過程，卻可能要承受巨大的代價。不冒險去愛，卻又無法發現生命契機，得到自我的滿足感。

愛，怎麼這樣兩難？

愛能不能走到最後我們不知道，我們只能確信一件事：愛會讓人成長，連愛都恐懼的人，愛也將遠離！

我不知道Michelle是怎麼想的，但我認為她沒有經過省悟的階段，就毅然決然地否定了那段浪漫情感，然後又在匆促之下，選擇了另一段她完全沒有感覺的婚姻，這當中的轉變太大，缺乏思考。或許那段不適合她的浪漫情感，方向是對的，只是需要稍做調整，Michelle如果願意再冒點險，或許就能找到對的人，而不會只是找個經濟穩定，興趣卻大相逕庭的人草草了事。

婚姻不是兒戲。在愛中，可以謹慎卻毋需擔憂，當彼此的利益結構最深的時候，往往是展現真愛的最佳機會，計較與否，是用情深不深的關鍵。

大文豪雨果（Victor-Marie Hugo）曾說：「如果人生是花，那麼愛，就是花之蜜。」

法國作家羅曼．羅蘭（Romain Rolland）也說：「愛是生命的火焰，沒有它，人生猶如無盡黑夜。」

詩人克里斯（Kris Hydmore）對愛所做的精闢闡述，更道盡了愛的風險與智慧：

每件事都存在著風險：

每次對他人微笑，
每回落淚，
都讓傷害有機可乘。

有的人小心謹慎地生活，
避開戀愛帶來的與他人親密的風險，
繞過他們無法理解的東西，
遠離那些太在意的人——
那些不願放手的，
那些抓得太緊的。

愛，從來不存在容易的方式。
你無法謹慎地靠近它。
它也不會等你武裝好自己才來臨。

愛不在意你是否走開。
愛無處不在，無所不是。
愛，是最大的風險。

它不可靠，不謹慎，
它不憐憫。
它沒有偏見，也不仁慈。
它襲擊的是最強大的心靈，
一擊，就讓人拜倒。

即使在最美好的時光，愛也給人帶來傷痛。
愛的渴求帶來痛苦，
愛的歸屬帶來痛苦，

成為他人的另一半帶來痛苦，
無需任何一方同意。

從它襲擊你的那一刻起，
就比你獨自一人帶來的痛苦更大。
愛之風險永不消滅；
隨著時間的流逝日益強大而危險。
但，只有當我們徹底投降時，
無論是強是弱，
無論是自願還是被迫，
無論如何，
我們才真正體驗到愛。

儘管愛不包含很多東西，

但愛包含的一切勝過其他：
愛是沒有損失的投降。
是沒有成本的禮物。
佔據你所有的思考和欲望，
佔據你每一口的呼吸。
愛是火，促使你
不至虛混度日；
促使你：真正地生活。

不論結果如何，一旦感受到愛，
你就不再一如往昔。
它也許會在身心靈刻下傷疤，
留下永恆的回憶。
它也許耗盡你生命的每一天，

～與自己對話～

Q：為什麼我喜愛冒險刺激的戀情？

A：如果你曾為愛冒險，卻不慎跌入深淵，帶來心理或生理上的重大痛苦，那麼，請回到內心檢視：是否被愛蒙蔽了？是否失去自己應有的判斷力？重新建立自己的自信，給自己再勇於嘗試的機會。
如果你喜歡冒險刺激的戀情，會發現一個事情：每段感情都無法長久發展下去。請問自己：為何不願意認真經營一段親密關係？是否害怕什麼？內心究竟渴望什麼？生命中的一切都不是偶發的，一切的發生，都是自己心念的回應。

使你感覺明天沒有存在的必要。
但，它值得你去追尋……

在生命中，
愛是唯一值得冒的險。
愛的透徹見解，與你一同感受、分享。

so i say a little prayer

欣兒小語

如我不慎進入愛的冒險世界，該如何設停損點？

◎ 進入愛的冒險國度，要知道冒險守則第一條：愛的茁壯滋長，得靠自己去澆灌；愛的驚人改變，得靠自己去推動。愛不設限，沒有終點，愛一有停損點，就宣告結束。

◎ 愛的終線，不是兩個人變成一個人，而是兩個人比一個人更好。愛的劫數，在於時時計算、不時估量；愛的福運，在於時時檢視、隨時警覺。愛的停損點是紅綠燈，讓自己停看聽，要保護自己，還是進入下一個闖關。該不該進入，需衡量自己的能力與承受力。

◎ 估計感情的走向與結果，計算愛情的投資報酬率，都比不上先認識、了解那個對象。伴侶的性格、人品勝過財富，愛如果有所謂的得失，反應在存款簿裡的只是物質保障，失去的卻可能是自己一輩子的心靈幸福。

True to Your Love

放開手，看見讓愛永恆的力量

愛，除了自身外無施與，
除了自身外無接受。
有限的愛情要求佔有對方，
無限的愛情只要求愛本身。

——紀伯倫（先知哲人）

當男女私情擴大到全世界，就是再大的空間，也讓人喘不過氣來；若此愛為真，兩人世界就算湧進再多的路人甲，對方也能一眼發現你的存在。

愛應該能縮能張，
猶如能量之海，
有容亦有度。

Ada告訴我，她再也受不了男友的濫情：「他對每一個女人都一樣溫柔，我不是他的The One。」

我蹙蹙眉，The One？

「對，在愛情中，我一定必須是對方的The One。」Ada義正嚴詞地對我說。

嚴格來說，The One的定義是：「絕無他人」，但是，感情當中要「一次就中」的機率何其渺茫！茫茫人海中，如果沒有先覺先知的本領，如何「一眼」覓得佳侶？

Ada解釋著她的想法：「The One不是一生只愛一回，但至少我和他在一起之後，就再也容不下別人了……」

The One，這麼重要嗎？

我當然不是同意對方拈花惹草，我只是在思考：人類終其一生都嚮往「只愛一回」，實際上，愛情的過程卻是：不斷地理解、不斷地包容、不斷地認同、不斷地原諒……

人，是最複雜難解的動物，思維不斷在變動，人的行為舉止也會依循著社會價值或外在環境，被迫屈服或主動轉變。

The One不過是個理想，最終：我們還是必須互相瞭解。

有時候，愛情必須歷經多次的分離與自我省悟，才有機會回到核心，並邁向最終。能夠邁向終點何其有幸，往往，過程中的力量分散與自我摧毀，就已讓愛情走不下去。

如果，我們可以將愛視為能量之海。愛就是有彈性、有張力的，所有的變動只不過是潮汐漲落，只是擴張與收縮的必要波動，愛只是能量的彰顯與表現。

如果能夠這樣去看，那麼，是不是The One，就一點也不重要了。

「那，如果他愛你，卻也愛別人呢？說真的，我好怕男友去夜店，那裡美眉特多，一不小心就會掉進誘惑花叢，他異性朋友超多的，讓我非常不安……」

「就愛的能量而言，如果對方愛我，就有愛上別人可能，這是因為心中有愛的人，未必能控制愛的流向；再換個角度而言，對方愛我，就絕對不會愛別人，因為他知道愛心與愛人的差別。你怕他去夜店、怕他異性朋友多，這與愛不愛對方無關，這只透露著二個訊息：第一，你不相信他；第二，你不相信你自己……」

愛，從來就不是殲滅法，讓對方沒有選項，被迫做出選擇，這不是愛，這只是愛的奴隸。愛的價值是靠自己發光發亮，從來就不是由他人來界定。

如果切斷了我們與生俱來的愛的能力，等於切斷了與外界連結的關係，非但曝露了自己的缺點，容易讓自己陷入黑暗與孤獨、彆扭與不安，也容易讓對方不自在。

愛原是寬廣的，是私情狹隘了它。好的情人懂得自愛，懂得愛的界線，但這並不意味著，情人就應該困在兩人世界裡。

當男女私情擴大到全世界，就是再大的空間，也讓人喘不過氣來；若此愛為真，兩人世界就算湧進再多的路人甲，對方也能一眼發現你的存在。

愛無須外求，
就在我們心中，
存有誠摯永恆的性靈之愛。

我那些未婚的姐妹淘，常常透露自己的無奈：真愛何處尋？

似乎好的男人都結婚了，有錢的男人都被訂走了，她們只好專注於工作，猛一抬頭，啊！青春已逝，感情一片空白。

「不用羨慕別人，每個人都有自己的煩惱，結婚的未必好，沒伴的未必就寂寞；不要庸人自擾，活在當下才重要……」我笑著說。

人似乎無時無刻不自尋煩惱，我的朋友June就是一個例子，當初她哀嘆沒有男友，現在，有了先生之後，又擔心感情生變。

乍看之下，June的感情應該沒有什麼問題，兩個人都獨立自主，儘管相隔兩地（先生在大陸工作），但是對方每天必會來電關心。不過這只是表面上的情形，實際上，

June對自己的感情有太多猜疑。

我一開始以為June的猜測都是真的，後來才知道，一切都只是她在胡思亂想。這些猜測因著她的想像擴展、擴展、再擴展……在猜忌裡，她的每一句話、每一個動作都變得尖酸刻薄、讓人難以親近。然後愛情進入了惡性循環：她愈猜忌，講話就愈刻薄，先生就愈不能忍受，對她愈疏離，她卻愈來愈篤定。

果然，事情如她幻想的情節發展：先生有了新歡！

很久之後，我才弄清楚這件事情的來龍去脈（其實是我推薦給June打離婚官司的律師朋友告訴我的）。他為了要弄清楚這件事，費了一番功夫，包括蒐集許多資料證據、男方口供、以及許多佐證。

這件事讓我有了一種體悟：外在世界，其實是內在思想的反射。不要小看自己，很多時候是我們主導了情節的發展，並不是環境或情節左右了我們。

早在先生要赴大陸工作之前，June就已經預設：他一定會有新歡！這個議題每次都會在先生與她的對話中舊事重提，先生還沒外遇，就背負了莫須有的罪。他的同事、上司、朋友都被June求證過，久而久之，大家都厭煩了作證的遊戲。

當June的先生有了新歡，竟然沒有人感到詫異。外遇，似乎成了一種命定，甚至連周圍的人都覺得：這是遲早要發生的事。（思想是一件多麼弔詭的事呀！）

人性的愛充滿情緒與算計，缺乏彈性與空間，只會讓自己或對方的世界變小。這樣扭曲的愛，讓愛變形、走味、扼殺彼此的關係。雖然是兩個人，還不如一個人；而發自內心的愛，充滿真誠信實，就算只有一個人，也不減損其力量，這就是靈性之愛。

～與自己對話～

Q：為什麼我不敢放手給對方空間？

A：當愛成為批判，無形之中已成束縛。問問自己：是不是常常將愛化成一把尺，不時衡量、批判對方？為什麼不願意給對方空間？難道，不是因為「自私」的緣故？這種自私狹隘又短見，損人不利已。愛的偉大，是給予自由，當你滿足了他人，自己也將得到滿足。

靈性的愛是無限大且無遠弗屆、無所不在的，甚至跨越地理、時間的限制。當你發動靈性之愛，愛的波動就已開始傳遞，永不停息。這股波動會穿透藩籬，到達你所想傳達的對象，成為一種力量，克服重重關卡。

人性的愛會因為環境變化而消逝，靈性的愛卻始終持之永恆。如果我們可以將靈性之愛帶進感情的經驗中，許多痛苦或許就可以避免，許多傷痛也就可以得到化解。

下次如果姐妹淘們再問我：真愛何處尋？

我會回答：「不用尋覓，真正的愛在我們心底。」

當你認識自己、肯定自己，感知愛的存在與意義，就不必尋求，該出現的就會顯現。事實上，愛如同空氣，可以自由盡情呼吸，愛就在那裡，在我們心底，維持著我們的生命。

欣兒小語

so i say a little prayer

在愛的收放之間，我該如何詮釋？

◎ 愛情可以是一種駕馭術，只是，這種駕馭術有別於一般，它充滿著仁慈、寬大為懷，完全發自內心，真摯、可靠、誠信。這種駕馭術如同暖陽，讓人輕易卸下心防，獻出赤誠的心。

◎ 排斥是兩性關係最無情的反射動作，它拉開兩人的距離，引發彼此的不快與對立。當愛情出現問題，可以不溝通，但絕對不要情緒化，讓對方感到你的排斥心理。

◎ 不要把罪惡感加到對方身上，那只會讓對方更退縮，離自己更遠。愛是勇於擔當、敢於認錯。「如果不是你，我早就……」、「都是為了你，我才……」、「都是你害的，結果……」這些遣詞造句，只是把責任推給對方，對兩性發展完全無濟於事。

True to Your Love

藉由愛的旅程，提煉完整真我。

人是一種不斷需要的動物，
一個欲望滿足後，
往往又會迅速地被另一個欲望所佔據。
——馬斯洛（美國哲學家、心理學家）

愛不需四處張望，也不用心煩如麻。那些荊棘、憂傷、悲泣、不愉快……都只是暗示，暗示著錯誤，只有在調整與傾聽之後，才會發現更多的喜樂與歡笑。

靈魂伴侶，來自內心的召喚。

好友Lin曾經問我：「該怎麼做，才能找到心靈伴侶？」我靜靜地思索，因為這個提問實在非同小可。

我問他：「你希望另一半有什麼樣的特質？」

他回答：「說實在話，我也不知道。但有一點我很確定，我希望她帶有柔性美，雖然我欣賞有能力的女人，但絕對不希望自己的妻子是個女強人。」

我驚訝Lin會對我如此坦誠，大多數男生面對這個問題，多半是禮貌性的回答，不會直接陳述：希望伴侶「溫柔些」。在兩性平權的社會，直接批評女人不應該強勢，似乎有點打壓貶低女性的味道。

我感到十分有趣，如果這樣的角色倒過來會出現怎樣的情況？女性會期待一個具有英雄特質的男人做自己的丈夫嗎？

男女不僅生理構造不同，在情感表達、心智上，也差異頗大。東方記載的陰陽學說闡述：女性是陰、是柔，男性是陽、是剛，陰陽融合，是為和諧，剛好形成一個完美的圓，陰陽圖象是宇宙間一種親密、和諧、完美的交融。

Lin會希望遇到溫柔的心靈伴侶當然無可厚非（至少淘汰掉了男人婆或中性的那一型），但是要怎樣才能召喚到「內心的靈魂伴侶」？

只要放手把自己交出去，然後在心裡不斷加強心靈伴侶的特質。

「就這樣？」他以為我在和他開玩笑。

我很肯定地點頭：「嗯！就是這樣。」其實我會這樣說，是從一位印度禪修學者那兒聽來的，我自己也深信不疑。

誰知沒多久，Lin真的捎來好消息。

那天，Lin搭乘飛機前往香港開會，計程車司機告訴他高速公路大塞車，要繞另外一條路到機場。繞路的途中，司機停靠加油站，有位女子詢問司機是否能搭載她去機場，司機說他已經有了客人，也正好要去機場。女子擔心搭不上飛機，又不好招車，詢問Lin是否不介意同行，兩人因而結識。

這趟旅行彷彿注定，從搭同一台計程車、搭同一般飛機、同樣飛香港、住同一家飯店，一路同行到底。

他渴望的對象，居然以這樣的形式出現了。兩人經由奇妙的旅程結識，經過一些時間彼此探索後，決定攜手共度一生。

Lin特地打電話謝謝我：「宇宙當中真的有一種看不見力量，但是用心召喚，理想情人果然就出現了。」

婚禮當天，女方的誓詞至今令我難忘：「我將看顧他，為他編織溫暖的家，以溫柔隨和的心，與他持守於婚姻道路之上……」這不是當初Lin的期盼嗎？她就是一位典型溫柔婉約的女人。

愛不需四處張望，也不用心煩如麻。我們唯一要做的，只是安靜、內省、心存謝意，聽見來自心底深處的召喚。那些荊棘、憂傷、悲泣、不愉快……都只是暗示，暗示著錯誤，只有在調整與傾聽之後，才會發現更多的喜樂與歡笑。

愛在內心，存有力量，只要做出符合靈魂的選擇，道路就會自動鋪陳展開，既寬廣又平直。

每個人的心中都有一份愛情地圖，
只要靜心察覺，
這份圖象就會具體浮現。

好奇妙！才多久沒見Dora，她好像變漂亮了。

我本來懷疑她去動了什麼微整型手術，但是看來看去，一直看不出她與之前長相有什麼不一樣，後來我發現，是Dora給人的感覺不一樣了，她笑口常開，心情開朗，一靠近她，馬上就會感染到那股心曠神怡的力量。

是什麼改變了Dora，她以前總是悶悶不樂，心情鬱卒。是因為她剛結束一場印度的心靈之旅嗎？

我只答對了一半，就在Dora旅行回來後不久，她有緣認識了現在的伴侶。

「才認識幾個月就訂婚了，會不會太快呀？」朋友對她的決定感到非常驚訝。

「我自己也沒料到會這樣，你知道，我一直很理性地看待感情這件事，不知怎地，印度之旅回來後，內心有些東西鬆動了。遇到他之後，我感覺他就是尋尋覓覓的另一個我。這種感覺很難用言語說明，就好像夏夜你躺在草地上看星星，一陣微風吹過來；又像冬天你窩在沙發讀書，壁爐的火溫暖著你的心，就是這樣自然卻真切。」聽完Dora這些話，眾姊妹無不欽羨起來。

「欸，你們是怎麼認識的？」有個朋友好奇地問Dora。

「我們認識的過程並不特殊，但我認為是我創造了自己的愛情……」

愛情，可以自行創造嗎？以前我們總是被授以「姻緣天注定」的觀念，怎麼Dora

～與自己對話～

Q：你的另一半，是你理想中的、或是想逃避的自己？

A：愛是面鏡子，照見他人的同時，也看見自己。有些人會不斷重複找同一類型的愛人，問問自己：對方有什麼自己缺乏、無法抗拒的魅力？或者是有什麼自己想要彌補的遺憾？無論是什麼原因，只要先找出來，然後調整自己，在愛情當中，只有自己圓滿了，才可以和另一半邁向更圓融的階段。

卻有這種找到真愛的神力呢？

Dora接著說：「在印度時我聽到一段智者的話，深深地影響我。他說：『當你有意識地融入對方，對方也會融入你。融入對方並不是放棄自己。就好比在你眼前有一棵樹，風吹過來，樹枝隨風搖曳，你融入樹，就會感覺到搖晃。你和樹一起晃動，你和樹已經沒有分別，但是你自己並沒有消失。這就是對待感情的方式。』我和他沒有多難得的機緣，其實只是相親介紹認識，我釋放了訊息，他接收到了，他和我一樣有共同的磁場，願意與我共同經營這段感情。」

奇妙緣份也罷，長輩撮合也好，

其實，每個人心中都有一份屬於自己的愛情地圖，只是被我們深深地遺忘了。

愛一直就在那裡（在我們的心底），我們必須從自身出發尋找，然後從愛回到自身，愛是與他人相遇，也是與自己相遇。

愛的言語是默然的，只可意會，不可言說，像朵蓮花，需要深刻理解。愛的「感同身受」，就是兩人的「合而為一」，這樣的情感，即使歷經狂風暴雨也無法動搖，只會隨著時間愈長愈增長智慧，形成深刻、不可分割的美好連結。

欣見小語

so i say a little prayer

如何從愛的獲得與失去中，重建自我與關係？

◎ 失去，其實是一種獲得。也許形式上和我們所期望的不大相同，但仔細去探究，失去就是得到，所有會發生的事情，都是有原因的，都是一種提醒：希望我們走向更美好的人生。

◎ 愛是世間最棒的養分，只需要把心力放在愛的感覺與需要上，就能知道自己出現了什麼問題、有著什麼樣的缺陷、希望什麼樣的未來……不論失去還是獲得，愛是自我圓滿的一帖良藥。

◎ 當你有能力去愛，去享受愛的過程而非結果，最後不計失去或是得到，當你可以如此駕馭愛，愛就為你帶來更多益處：和諧、平安、幸福、快樂。

Notes

True to your Love

請貼3.5元郵票

235 新北市中和區中山路2段366巷10號10樓

啟思出版

企劃部　收

（請沿此線反摺、自行裝訂寄回）

不委屈，

才能愛得更完整

啟思
Cheese Group
行銷總代理◆采舍國際

心靈Spa 讀者回函卡

感謝您購買本書
請您將寶貴的意見寄回
我們將針對您給的意見加以改進

姓名/　　　　　　　　性別/　　　　星座/

年齡/□15歲以下・□15歲以上～20歲・□20歲以上～25歲・
□25歲以上～30歲・□30歲以上～35歲・□35歲以上

電話/(H)　　　　　　　　(O)

地址/

E-mail/　　　　　　　　□願意收到新書資訊

職業/□公(包含軍警)□服務□金融□製造□資訊□大傳
□自由業□學生

學歷/□國中(以下)□高中(職)□大學(大專)
□研究所(以上)

吸引您購買本書的原因

請寫下您給本書的建議

您喜歡閱讀什麼類型的書刊?(生活、財經、小說……)

國家圖書館出版品預行編目資料

不委屈，才能愛得更完整 / 陳欣兒 著.
-- 初版. -- 新北市 : 啟思出版, 2012.04
面；　公分
ISBN 978-986-271-182-8(平裝)

1.戀愛　　2.兩性關係

544.37　　101000011

不委屈，才能愛得更完整

啟思
Cheese Group

不委屈，才能愛得更完整

本書採減碳印製流程
並使用優質中性紙
（Acid & Alkali Free）
最符環保需求。

出 版 者 ◤ 啟思
作　　者 ◤ 陳欣兒
品質總監 ◤ 王寶玲
總 編 輯 ◤ 歐綾纖
文字編輯 ◤ 劉汝雯
美術設計 ◤ 蔡億盈
內文排版 ◤ 新鑫電腦排版工作室

郵撥帳號 ◤ 50017206 采舍國際有限公司（郵撥購買，請另付一成郵資）
台灣出版中心 ◤ 新北市中和區中山路 2 段 366 巷 10 號 10 樓
電　　話 ◤ (02) 2248-7896　　傳　　真 ◤ (02) 2248-7758
I S B N ◤ 978-986-271-182-8
出版日期 ◤ 2012 年 4 月

全球華文國際市場總代理 ◤ 采舍國際
地　　址 ◤ 新北市中和區中山路 2 段 366 巷 10號 3 樓
電　　話 ◤ (02) 8245-8786　　傳　　真 ◤ (02) 8245-8718

全系列書系特約展示
新絲路網路書店
地　　址 ◤ 新北市中和區中山路2段366巷10號10樓
電　　話 ◤ (02) 8245-9896
網　　址 ◤ www.silkbook.com

線上 pbook&ebook 總代理 ◤ 全球華文聯合出版平台
地　　址 ◤ 新北市中和區中山路 2 段 366 巷 10 號 10 樓
主題討論區 ◤ www.silkbook.com/bookclub　● 新絲路讀書會
紙本書平台 ◤ www.book4u.com.tw　● 華文網網路書店
電子書下載 ◤ www.book4u.com.tw　● 電子書中心 (Acrobat Reader)

條款及規則：
1. 活動優惠僅限於台灣地區
2. 活動優惠僅限首次參訪者
3. 出示本券並依據本公司制訂的賓客登記程序以進入會館享用各項服務與設施

Pure Yoga
忠孝館 02 8161 7888 台北市忠孝東路4段151號（捷運忠孝敦化站7號出口）
慶城館 02 8161 7868 台北市慶城街1號4樓（捷運南京東路站出口）
www.pure-yoga.com

條款及規則：
1. 活動優惠僅限於台灣地區
2. 活動優惠僅限首次參訪者
3. 出示本券並依據本公司制訂的賓客登記程序以進入會館享用各項服務與設施

Pure Yoga
忠孝館 02 8161 7888 台北市忠孝東路4段151號（捷運忠孝敦化站7號出口）
慶城館 02 8161 7868 台北市慶城街1號4樓（捷運南京東路站出口）
www.pure-yoga.com

條款及規則：
1. 活動優惠僅限於台灣地區
2. 活動優惠僅限首次參訪者
3. 出示本券並依據本公司制訂的賓客登記程序以進入會館享用各項服務與設施

Pure Yoga
忠孝館 02 8161 7888 台北市忠孝東路4段151號（捷運忠孝敦化站7號出口）
慶城館 02 8161 7868 台北市慶城街1號4樓（捷運南京東路站出口）
www.pure-yoga.com